KB054143

세기의 책들 20선

천년의 지혜 시리즈
NO. 3

경제경영 편

부의 기본기技

최초 출간일 1880년

세대와 시대를 넘어 지금껏 변치 않은

부의 기본기技

'비범함은 평범한 기본기(基本技)를 지속하는 것의 또 다른 이름일 뿐이다'

위대한 쇼맨, 기상천외한 발상가 피니어스 테일러 바넘,
6살 때부터 전 생애에 걸쳐 완성된 비즈니스의 원초적 근본을 담은 책

피니어스 테일러 바넘 지음 · 서진 편저

SNOWFOX

천년의 지혜 시리즈 소개

A Thousand Years of Wisdom

1. 총 도서 검토 기간 :   1년 6개월

2. 출간 후보 도서 검토 종수 :   1만 2천 종

3. 확정된 시리즈 전체 출간 종수 :   20종

4. 최초~최근 출간 기간 :   1335년~ 2005년

5. 최소, 최대 출간 언어 수 :   2개 언어~ 38개 언어 출간

6. 최소, 최대 판매 부수 :   20만 부~ 2천 만 부 판매

7. 최소, 최대 개정판 출간 종수 :   37판 ~ 3,843판

8. 시리즈 출간 기간 :   1년 3개월 (2023년 12월~ 2025년 3월)

9. 출간 분야 :
      첫 번째 시리즈　 : 경제경영　(2023년 12월 : 4종 동시 출간)
      두 번째 시리즈　 : 자기계발　(2024년　5월 : 6종 동시 출간)
      세 번째 시리즈　 : 에세이　　(2024년　8월 : 3종 동시 출간)
      네 번째 시리즈　 : 인문　　　(2024년 12월 : 3종 동시 출간)
      다섯 번째 시리즈 : 철학　　　(2025년　3월 : 4종 동시 출간)

스노우폭스북스 『세기의 책들 20선, 천년의 지혜 시리즈』는 지난 수 세기 동안 출간된 책 중에서 현재 널리 알려진 여러 가르침과 기본적인 사상을 만든 책들을 찾아 엄선해 출간했습니다.

이 귀한 지혜들을 파생시킨 '최초의 시작'을 만든 책들을 하나로 규합해 출간함으로써 지혜와 더 깊은 통찰에 목마른 우리 모두에게 '읽을거리'를 제공하고자 했습니다.

이로써 가벼운 지금의 '읽기'에서 보다 깊이 사유하는 '읽는 사람'으로 변화되는 일을 만들어 나가고자 했습니다.

SINCE 1880

책 소개 / 편저자의 말

간혹 오래 전 출간된 책에서 '1,000만 부 판매'라는 안내 글을 볼 때가 있습니다. 한국에서 에디터로 지낸 저로서는 꿈같기도 하고 어쩐지 허영이 좀 붙어 있는 홍보 문구 같기도 해서 여간해서 믿기지 않을 때가 더 많았습니다.

'100만 부'라는 판매 부수를 종종 듣기는 해도 평생 책 만드는 출판인도 쉽게 경험하지 못하는 기적의 숫자거든요. 그런데 1,000만 부라니요.

때문에 천년의 지혜 시리즈에 적합한 책을 찾는 과정에서 만난 이책『부의 기본기技』의 해외 전역 판매 부수를 보고는 '이 책의 판매 부수를 독자가 믿어 줄까?'라는 기우 섞인 걱정이 먼저 들었습니다.

이리저리 매의 눈으로 다양한 자료를 찾으며 이 책의 신뢰성에 가장 먼저 의심의 눈초리를 보냈다고 솔직하게 털어 놔야 할 듯합니다.

이 책은 1880년에 최초 출간된 후 144년 동안 기록적인 판매가 이뤄졌습니다. 그 명성에 걸맞게 한껏 부푼 기대를 갖고 원서 번역본을 기다렸습니다. 그리고는 이내 약간(?)의 실망을 했습니다. 책은 본문 양도 적었고 뭔가 획기적인 부에 관한 신랄한 통찰을 기대한 저로서는 밍밍한 글이 아닌가 하는 생각이 들었습니다.

그러나 편저를 앞두고 지금까지 이어지고 있는 독자들의 반응과 최근까지 등록된 해외 다수의 리뷰를 보며 이 책이 가진 힘에 겸손한 마음이 들었습니다. 저자에 대한 정보를 이리저리 찾으며 더 깊이 조사하는 과정에서 프로필을 넘어 한 개인에게 깊은 존경의 마음도 일어났습니다. 겨우 6살 나이에 스스로 자립하고 부유해지겠다는 결심을 하는 사람이 얼마나 될까요? 그렇다한들 실제 그 결심을 실천하고 이뤄낸 사람은요? 또한 그렇게 쌓은 부를 자손이 아니라 사회에 공헌하고 되돌려 준 사람이 얼마나 될까요?

피니어스 테일러 바넘은 우리에게도 친근한 사람입니다. 영화로도 제작된 〈위대한 쇼맨〉의 주인공이기 때문입니다. 서커스단을 운영하던 그는 대단한 수완가이고 사업가로 평가받습니다. 하지만 그

이면에는 아주 어려서부터 천부적인 비즈니스 재능을 스스로 발현하며 갈고 닦은 대단한 의지를 가진 개인을 엿보게 됩니다.

그를 대단한 부자로 만들어 준 인생의 황금기가 서커스단을 설립한 이후였기 때문에 우리는 그를 쇼맨으로 기억하기 쉽지만 그의 전 생애를 살펴보면 그 인물의 삶 전체가 황금기 같습니다. 이후 정치가로, 출판업자, 자선가로 활동한 이력 역시 대단한 사람입니다. 그는 노예제도 폐지를 적극 지지했으며 코네티컷 주의 시장이었고 최초의 비영리병원인 브리지포트 병원을 세웠습니다. 여러 교육기관을 설립했고 대학설립재단과 자연사 박물관 단체에 여러 차례 막대한 기부를 실천했습니다. 또한 자신이 소유한 땅 전체를 코네티컷 주에 기증했습니다.

이렇게 대단한 부를 쌓은 사람이 '부'에 관한 자신의 철학을 모두 담은 것이 바로 이 책『부의 기본기技』입니다. 책은 말 그대로 성인이 돼서 경제적 자립을 꿈꾸고 자신의 사업을 하겠다고 결심한 사람이라면 누구나 따라야 할 기본 원칙들이 담겼습니다.

저자의 말처럼 "나도 그 정도는 알아요"라고 쉽게 말할 수 있어도 '안다는 그것을 정말 안다고 말할 수 있는가?'라는 단서를 붙이면 누구도 쉽게 '네'라고 말하지 못하는 게 많습니다.

저자는 우리가 안다고 생각하는 많은 원칙들을 지키지 않았기 때문에 아직 부를 이루지 못한 것이라고 당차게 쏘아 붙입니다. 책에서는 "공부에는 왕도가 없듯, 부를 이루는 것에도 왕도가 없다"라고 말합니다. 이어서 부를 이루는 것에도 언제나 기본기를 충실하게 지키고 따르면 저절로 열리는 열매로써 부를 얻게 될 뿐이라고 조언합니다.

이번 천년의 지혜 시리즈의 첫 번째 출간은 경제경영 파트 4권으로 이뤄져 있습니다. 앞서 음식으로부터 절제를 다룬 책 『결코, 배불리 먹지 말 것』과 지금 당장, 이번 달부터 부채를 없애고 기쁜 생활을 이어가면서 어떻게 저축까지 해 낼 수 있는지 매우 상세하게 다룬 『5,000년의 부』에 이어 묶인 이 책 『부의 기본기技』는 올바른 마인드를 제안합니다.

벽돌처럼 단단한 경제적 자립을 얻기 위해 우리 모두는 매일 출근을 하고 사업을 유지하고 기발한 아이디어를 찾아 공부합니다. 하지만 '돈'은 '벌 궁리'와 함께 '모을 궁리'가 더해지고 그것을 실천해 냈을 때 얻는 결과물입니다.

흔히 우리가 빠지기 쉬운 함정이 바로 이 지점이죠. '벌 궁리'는 어려서부터 나이 들 때까지 멈추지 않지만 '모을 궁리'와 '지킬 궁리'는 그보다 늘 덜 하곤 하잖아요. 하지만 여러 곳에서 끊이지 않고 흘러나오는 조언은 '돈은 버는 것보다 지키는 게 어렵다'라는 메시지인 것

만은 확실한 듯합니다.

이런 것들이 바로 이 책에서 다루고 있는 기본기입니다. 어떤 분야든 기본기는 불변의 원칙이듯 부를 이루는 길에서도 기본기는 같은 원리에 해당되는 것 같습니다. 이 책의 편저에서 저자가 쓴 단어 하나마다 새겨진 단어의 의미가 분명하게 되살아나 자연스레 스며들 수 있도록 애쓴 이유입니다.

개정판이 아닌, 최초 출간 원서를 바탕으로 편저자로 작업하며 생생한 저자의 목소리를 유추해 보고자 애썼습니다. 이 책이 지금까지 천만 명 이상에게 널리 읽힐 수 있던 이유처럼 모쪼록 여러분과 이 책의 만남 또한 즐거움이 되기를 바랍니다. 경제적 독립뿐 아니라 사업에서도 원칙을 생활화하며 단단히 성장해 낼 수 있기를 희망합니다.

"모든 사람들은 하느님의 선물입니다. 그러니 단지 장애가 있다고 피부색이 다르다는 이유로 차별 당하는 일은 있어서는 안 됩니다."

― 바넘의 유언 중에서

편저자 서진

벽돌처럼 단단한
부의 기본기를 익히기 전에 읽어야 할 글

돈, 돈을 갖는 데 가장 어려운 일이 무엇인지 아세요?

그것은 지키는 일입니다.

돈이란 언제나 버는 일보다 지키는 일이 몇 배 더 어렵습니다. 일찍이 부에 관한 놀라운 철학적 가르침을 준 벤저민 프랭클린은 부자가 되는 간단한 한 가지 방법을 우리에게 말했죠.

"버는 것보다 적게 쓰기만 하면 된다."

천재 소설가 찰스 디킨스의 소설 『데이비드 카퍼필드 』에 이런 말도 쓰여 있습니다. "1년에 20파운드를 벌면서 20파운드 6펜스를 쓰는 것은 세상에서 가장 불쌍한 사람이 되는 길이고, 19파운드 6펜스만 쓰는 것은 세상에서 가장 행복한 사람이 되는 길이다."

이런 말을 들으면 사람들은 이렇게 말하죠. "네 맞습니다. 그 정도는 저도 알고 있어요"라고요. 하지만 정말로 절약이 무언지 잘 알고 있다는 그 착각을 지적하고 싶습니다. 여러분은 절약이 무언지 정말 알고 있나요?

안타깝게도 많은 사람이 진정한 경제 원리를 잘못 이해한 채 살고 있다고 나는 생각합니다. 그 중에서도 이런 고민하는 사람이 참 많습니다.

'나하고 수입이 거의 비슷하고 살아온 경력이나 집안 배경도 비슷한데 왜 저 사람은 시간이 흐를수록 나보다 재산이 더 빠르고 크게 불어나는 거지? 내가 흥청망청 쓰는 것도 아니고 나름 절약도 늘 하고 있잖아. 헌데 나는 왜 빚이 더 많아지고 있는 거야.'

어떤가요? 당신도 이런 고민이 있습니까?

결론부터 말하면 이런 상황은 대개 자신이 경제관념이 부족한데도 '잘 알고 있고, 잘하고 있다'는 착각에 대한 결과입니다. 이것은 치즈 조각을 아껴 먹고 양초를 아끼고 자질구레한 허드렛일을 스스로 처리하는 데 시간을 쓰는 것을 절약이라고 생각하는 결과를 만들죠. 이런 사람은 2펜스짜리 물건을 반 페니 깎고는 돈을 아꼈다고 생각해서 여유가 생겼다고 착각하고 다른 곳에 돈을 씁니다.

예를 들어 볼까요?

등유가 일반화 되기 전, 당신이 숙박을 겸하고 있는 어느 농가에서 머물게 되었다고 가정해 봅시다. 맛있는 저녁을 든든히 먹은 당신은 거실에서 책을 펼쳤습니다.

하지만 촛불 하나만 밝힌 거실은 너무 어두워서 글을 읽을 수 없었죠. 그때 농가 주인이 이렇게 말했습니다. "이 마을에서는 저녁 식사 후에 책을 읽는 게 무척 어려워요. 촛불을 한꺼번에 두 개를 켜려면 배 한 척 있는 부자여야 한다는 속담 들어 보셨죠? 저희는 정말 특별한 경우가 아닌 한 여분의 초를 켜지 않습니다."

생각해 볼까요? 이 농가 주인이 말하는 특별한 일은 아마 일 년에 한두 번이 채 안될 겁니다. 그러니 그의 말대로라면 1년에 5~6달러 정도의 돈을 아끼게 될 겁니다. 하지만 초 하나를 더 켜서 책을 읽고 그 안에서 얻는 정보는 양초 한 트럭보다 큰 가치 아닐까요?

문제는 이게 다가 아닙니다. 더 큰 문제는 이 사람은 양초를 아낀 것을 절약이라고 생각하기 때문에 읍내에 나갈 일이 있을 때마다 20~30달러를 주고 옷단에 달 레이스나 리본처럼 꼭 필요하지 않는 물건에 돈을 쓴다는 거죠. 평소 자신이 절약을 잘 하고 있다고 생각하는 사람들은 이를 보상하려는 듯, 늘 절약하고 있으니 이 정도는 쓸 수 있다는 듯, 파티를 열거나 반드시 필요한 물건이 아닌 것에 돈을 지불합니다.

이런 일은 사업하는 사람들에게서도 자주 일어납니다.

회사에 있는 작은 물품은 지독하게 아끼면서 정작 중요한 일을 처리하는 효율성은 제대로 만들어 놓지 않아서 비싼 인건비가 술술 흘러나가 버리는데 이를 알지 못합니다. 일부 사장들은 회사에 모든 물품을 아껴 쓰도록 계속 교육하고 직원이 업무 시간에 개인적인 일을 아예 하지 못하게 철저하게 관리하기 때문에 회사를 잘 운영하고 있다고 생각합니다. 따라서 호화판 파티를 열고 화려한 마차를 타고 다녀도 된다고 생각하는 겁니다.

벤저민 프랭클린은 이런 사람을 가리켜 "마개는 꽁꽁 틀어막았지만 병이 깨진 것은 보지 못한다"라고 지적했습니다. 마치 가족을 위해 저렴하고 품질 좋은 반찬거리를 사느라 시장을 온통 헤매 물건을 사고는, 그 물건을 싣고 집으로 돌아갈 마차를 빌려 타는 일이라고 지적했습니다.

세상의 부를 얻은 그 어떤 사람도 이런 경제개념으로 성공한 사람이 없습니다. 그렇다면 진정한 절약이란 뭘까요?

'얼마를 벌든, 번 돈보다 적게 쓰는 것'입니다. 이것이 진정한 절약입니다. 이 절약에 맞지 않는 상황이라면 헌 옷이라도 조금 더 입어야 합니다. 새 장갑을 사지 않아야 합니다. 낡은 옷은 수선해서 입으며 수입을 넘는 지출은 하지 않는다는 원칙을 지켜야 합니다.

이 기준을 지키는데 식탁의 음식을 줄여야 할 상황이라면 그것 역시 따라야 합니다. 이렇게 할 때 예기치 못한 상황이 생기지 않는한, 분명 여윳돈이 생기기 시작합니다. 이렇게 한푼 한푼, 아껴 모은 돈에 이자가 붙어 돈이 불게 될 때, 바로 그때가 부의 싹이 트기 시작한 시점이 되는 것입니다.

이렇게 진짜 절약을 이해하고 실천하려면 얼마의 훈련과 절제 습관을 길러야 하는 수고로움은 생기지만 이런 정신을 갖고 익숙해지면 만족스럽게 됩니다. 아끼면서 돈을 소비하는 습관보다 합리적인 저축이 얼마나 큰 만족을 주는지 알게 되기 때문입니다. 나는 이 방법이 사치, 특히 잘못된 경제개념을 바로잡는 데 탁월한 효과를 준다는 걸 수없이 확인했습니다.

남보다 분명 돈을 잘 벌고 있지만 한 해가 끝나 통장을 들여다보면 한숨이 나옵니까? 1년을 열심히 일했고 또 잘 벌기도 했는데 남은 돈이 하나도 없는 해가 계속됩니까?

만약 당신이 이 경우라면 지금 종이 몇 장을 가져와 보세요.

그리고 각 장을 두 칸으로 나누고 '생필품'과 '편리함'이라고 적어 보는 겁니다. 그리고 오늘부터 내가 구입하는 모든 물품을 단 두 가지 항목으로 분리해 기록해 봅시다.

분명 당신은 알게 될 거예요. 얼마나 많은 '편리함'이라는 항목에 들어갈 물품에 열심히 일하고 번 돈을 써버리고 있는가를 말입니다. 분명 생필품의 서너 배 혹은 그 이상을 쓰고 있다는 걸 확인하게 될 겁니다.

프랭클린 박사는 이런 현상을 정확하게 짚어 냅니다.

"이것은 나 자신의 눈이 아니라 다른 사람의 눈을 위해 지출한 돈이다. 세상에 나를 제외한 모두가 장님이라면 아무도 좋은 옷이나 가구에 신경 쓰지 않았을 것이다."

모든 사람은 자유롭고 평등하게 태어난다지만 현실은 다릅니다. 인간이 똑같은 부를 갖는 것은 불가능합니다. 누군가는 이렇게 말합니다.

"내가 아는 사람은 1년에 5만 달러를 법니다. 나는 1천 달러밖에 벌지 못하는데 말예요. 그를 처음 만났을 때 그도 나와 별 차이가 없었어요. 그래놓고 이제 돈 좀 벌었다고 으스대는 꼴이라니. 자기가 나보다 능력이 더 있다고 생각하는 거죠.

저도 그 정도 능력은 된다는 걸 보여주고 말 거예요. 나가서 마차 하나를 사야겠어요. 아니, 살 형편까지는 안되니 빌리기라도 해야겠어요. 그리고 그가 지나는 길을 지나다닐 거예요. 그럼 알겠죠. 나도 자기만큼 능력이 있다는 걸요."

정말 애처롭기 그지없습니다. 미안하지만 그렇게까지 애쓸 필요가 정말 없거든요. 당신이 그 사람만큼 능력 있다는 걸 증명하기는 너무 쉽습니다. 굳이 마차까지 빌려 탈 정성을 들일 것 없이 그 사람처럼 행동하면 되지 않나요? 그 사람이 하는 걸 모두 따라하면 되는 겁니다.

하지만 그런다고 사람들이 당신을 그 사람 같은 부자로 생각해줄지는 모르겠습니다.

거기다 당신이 있는 척하느라 시간과 돈을 쓰는 동안 당신의 아내와 아이들은 적은 돈을 이리저리 쪼개 생활하느라 고생을 할 테고요. 당신이 허세를 부리고 보이는 것에 신경쓰는 동안 분명 모든 면에서 허리띠를 졸라매야 할 테니까요.

이게 당신이 원하는 건가요? 이렇게 해야 하나요?
비참한 것은 이런 허세로는 모두를 속일 수 없다는 것입니다.

이런 아내도 있어요.

"여보, 옆집 스미스 부인은 남편 돈 보고 결혼한 사람이래요. 모르는 사람이 없더라고요." 이렇게 비아냥거리면서도 그녀가 두른 값비싼 여우 목도리를 흉내 내려고 모조 여우털 목도리를 사고는 보란 듯이 모임에 나가 그녀 옆에 앉습니다. 자기도 스미스 부인 못지않게 잘살고 있다고 보여 주려는 거지요.

어떻습니까? 당신은 이런 행동에서 완전히 자유롭습니까?

이렇게 허영심과 시기심을 가득 채우고 어떻게 큰돈을 모으고 진짜 부자가 될 시간을 벌 수 있을까요?

우리는 분명 올바른 것을 따라야 한다는 것을 알고 있고 또 그래야 한다고 목청 높여 말하면서도 남에게 보이는 것들 앞에서는 그 원칙을 무시하는 경향이 많습니다. 자기 스스로 '귀족'이라고 자처하는 몇몇 사람이 하는 잘못된 행동을 부러워하고 따라하면서 삶의 이상적인 기준을 왜곡하고 있는 것입니다.

여러분, 잠깐의 겉모습을 치장하기를 멈추십시오.

매 순간 모인 그 '잠깐'의 허세와 사치는 매일, 매월, 매해로 쌓여 인생 전체가 됩니다. 그런 일생을 사는 사람에게 언제 부가 따를 수 있나요?

돈이 모이고 쌓일 기회가 있겠습니까? 그런 기준에 맞추려다 가난에서 벗어나지 못하는 겁니다.

이제 '내 수입에 근거한 지출, 분수에 맞는 지출 원칙'을 세우고 그에 따라 절약하고 저축하는 사람이 돼야 합니다. 이런 사람이야말로 얼마나 현명한 사람입니까?

원인 없는 결과는 없습니다. 가난해지는 길을 택해 오롯이 걷고 있으면서 부자가 되기 바라는 것은 허무맹랑한 상상입니다.

물론 처음부터 즉시 습관을 뜯어 고치고 모두 바로잡기 어려울 수 있습니다. 충동적인 소비에 길들여진 사람이라면 누구나 여러 가지 필요 없는 비용을 줄이는 것이 매우 어렵게 느껴질 겁니다. 저렴한 가구, 작은 집, 값싼 옷에 만족하고, 친구와 만나고 즐기는 횟수, 공연 관람이나 나들이, 술자리와 담배, 술, 취미나 운동 같은 여가 활동들을 자제하는 일들이 쉬울 리 없습니다. 이런 것들을 줄이다 보면 '굳이 이렇게까지 비참해지면서 돈을 모아야 할까, 무슨 영화를 얻겠다고 이렇게 절약하고 아껴야 하지?'라는 자기 부정이 슬 슬 올라올 겁니다.

하지만 일단 적은 돈이라도 '종잣돈'을 마련하고 거기에 이자가 붙거나 현명한 소액 투자라도 계획하고 실천하고 나면 모든 의구심은 한순간에 사라집니다.

보잘것없는 작은 돈이 모여 어딘가에 투자되고 그것이 불어나는 것을 본 순간, 즐거움은 놀라울 정도로 크기 때문입니다. 그 과정에서 절약하는 습관은 몸에 배이게 되고 그런 절제된 생활이 주는 기쁨은 무엇과도 비할 수 없는 행복감을 줄 것입니다. 바로 이런 기쁨을 알게 됐을 때 낡은 옷과 오래된 물건들을 아무렇지 않게 다음 해에도 이용할 것이며, 집에서 간단히 하는 목욕과 동네 골목을 걷는 운동은 최고급 마차를 타고 유행하는 마사지보다 더 짜릿할 것입니다.

가족과 함께 하는 독서나 가벼운 게임은 저축의 즐거움을 주는 덤입니다. 이런 1시간이 5십 혹은 5백 달러를 들여 성대한 파티를 여는 것보다 훨씬 즐겁다는 걸 알게 되거든요. 일단 절약의 즐거움을 알게 되면 언제나 비용 차이를 계산하게 돼 있기 때문이죠.

많은 사람이 가난한 집에서 태어나 평생을 가난하게 삽니다. 하지만 누군가는 충분한 부를 얻고도 한순간 가난한 옛시절로 돌아가 버리기도 합니다. 1년에 2만 달러 이상을 쓰면서 생계비를 어떻게 줄여야 할지 모르는 가정이 있는가 하면, 1년에 1천 달러만 갖고도 알차고 즐겁게 사는 가정도 있습니다.

돈은 재난보다 더 혹독한 시련입니다. 특히 갑자기 얻게 된 부는 더 그렇습니다.

"쉽게 얻는 것은 쉽게 잃는다"는 말이 진실인 까닭입니다. 작은 돈이든, 큰돈이든, 그것보다 더 커다란 부라도 자제를 배우지 못하고 허영을 일삼으면 그것은 곧 재산 모두를 갉아먹는 구더기입니다.

사람들은 돈이 들어오기 시작하면 얼마 지나지 않아 이내 사치를 시작합니다. 꼭 필요한 곳이 아닌 곳에 돈 쓸 궁리를 즉시 시작합니다. 그러다 얼마 지나지 않아 지출이 수입을 넘어서게 됩니다. 그렇게 지출한 돈으로 이목을 끌고 관심을 얻지만 이내 고통과 파멸의 내리막길을 걷게 되는 겁니다. 제가 직접 들은 이야기 하나를 해 드려 보겠습니다.

오랜 노력 끝에 이제 막 큰 부를 얻게 된 사람이 있었습니다. 어느 날 그의 아내는 고급스런 소파 하나를 사겠다고 말했어요. 그 소파는 3만 달러나 하는 값비싼 물건이었죠. 소파를 놓고 보니 그에 어울리는 의자가 필요했어요. 장식장과 의자, 테이블도 필요해졌지요.

그렇게 하나하나 집 안 분위기를 맞춰 물건을 바꿔나가다 보니 고급스런 가구에 걸맞은 새 집이 필요해진 거예요. 가구에 비해 집은 너무 작고 구식이었거든요. 그래서 새로 산 가구들에 어울릴 만한 새 집을 아예 짓기에 이르렀습니다. 그 친구는 이렇게 제게 말했습니다.

"나는 소파를 사는데 3만 달러를 썼네. 하지만 '근사한 집'을 만들어야 했고 또 이 집을 유지하기 위해 하인을 들여야 했지. 이런 것들을 위해 1년에 1천 1백 달러의 돈을 쓰고 있다네. 사실 이것도 부족해. 오히려 몇 백 달러만 가지고 살던 10년 전이 지금보다 훨씬 편했다니까. 이렇게 신경 쓸 일이 많지 않았거든.

나는 그 놈의 소파 하나 때문에 꼼짝없이 망할 수도 있었어. 내가 그것들을 유지하는 데 들어가는 돈보다 더 벌고 '있는 척' 하지 않았으니 망정이지 말이야."

그렇습니다. 건강한 정신은 성공의 근원인 것입니다.

그렇다면 몸은 어떻습니까?

몸은 행복의 근원이자 성공의 근원도 됩니다. 사람은 아플 때는 재산을 축적하지 않습니다. 어떤 야망도 사라지고 어떤 일을 시도할 힘도 없습니다. 건강이란 곧 자연의 법칙입니다. 따라서 자연의 법칙을 따를수록 우리는 더 건강해질 수 있는 것입니다. 그런데도 이 자연의 법칙을 무시하며 몸을 돌보지 않는 사람이 너무 많습니다. 이 '무지의 죄'는 몰랐다고 해서 그냥 넘어가지지 않습니다. 그 무지의 행동에 따른 벌은 반드시 내려지고야 말거든요.

아이가 뜨거운 줄 모르고 불속에 손을 넣었다가 화상을 입고 집이 떠나가라 우는 장면을 상상해 보세요. 몰라서 그랬다고 한들, 아픈 손가락이 아프지 않을 수도, 이미 입은 화상을 되돌릴 수도 없는 것이죠. 그것과 마찬가지로 이해하면 됩니다. 몰라서 그랬다며 뒤늦게 후회해 봐야 고통을 되돌릴 수는 없습니다.

우리 조상들은 환기라는 개념이 없었습니다. 공기의 순환에 대해 잘 몰랐고 집을 지을 때 침실 크기를 너무 작게 만들어 놓았죠. 신앙이 신실한 사람들은 이 작은 방에서 창문도 없이 잠을 자고 일어나 기도하기를 반복했습니다. 그렇게 공기가 통하지 않는 작은 방에서 자고 기도하기를 한평생 했으니 몸에 좋을 리 없었습니다. 그런데도 그들이 밤 사이에 질식사 하지 않은 것은 갈라진 문틈들 사이로 새어 들어온 신선한 공기가 조금이라도 있었기 때문이란 걸 그들은 알지 못했습니다.

이처럼 생명을 유지하는 기본적인 법칙을 몰라서 따르지 못한 경우도 있지만 어느 경우에는 고의적으로 위반합니다. 그 중에 가장 대표적인 것이 담배입니다. 그 어떤 생물도 담배를 좋아하는 경우는 없습니다.

사람도 다르지 않아요. 처음 담배를 입에 물었을 때 향기롭고 좋다고 느끼는 사람은 없습니다. 기침을 하고 독한 냄새에 거부감이 듭니다. 그런데도 억지로 참고 입에 물기를 계속 반복해서 결국에는 그 지독한 담배에 자신을 길들입니다.

처음에야 사람이 담배를 찾아 입에 물지 몰라도 시간이 지나면 담배가 사람을 잡는 형국입니다. 아무리 피우고 싶지 않아도 담배가 사람을 놓아주질 않지요. 게다가 어떤 사람들은 담배를 피우며 생긴 침을 집 안에서도 아무 데나 마구 뱉어댑니다. 그럴 때마다 그들의 아내는 그가 집 밖에 있기를 바랄 겁니다.

본능적으로 거부감이 드는 것을 일단 좋아하게 되면 끈질긴 악연이 생기기 마련입니다. 원래 해롭지 않은 것에 대한 욕구보다 해로운 것에 본능적인 욕구가 더 강하게 물드는 법이거든요.

습관은 선천적인 본능보다 더 강합니다. 빨리 어른이 되고 싶어 하는 청소년들은 어른들의 나쁜 습관을 쉽게 모방합니다. 빨리 어른이 될 수 있다고 생각해서입니다. 어른들의 담배 피우는 모습을 보고 자란 토미와 조니의 대화를 들어 보죠.

"우리두 담배를 피울 수 있으면 곧 어른처럼 될 거야. 마침 삼촌이 담배를 두고 나갔으니 우리도 얼른 가서 하나 피워 보자."

그리고는 담배에 불을 붙이고 입 안으로 빨아 봅니다.

"콜록 콜록, 이렇게 계속 하다 보면 우리도 담배 피우는 법을 배우게 되겠지? 맛이 어때 조니?"

"켁 켁, 모르겠어. 너무 써."

이렇게 말하면서도 토미와 조니는 담배를 버리지 않습니다. 이것이 바로 담배의 제물이 되는 과정입니다. 억지로 참고 버티면서도 계속 연기를 빨고 본능적인 거부감을 누르고 인위적으로 습득한 욕구에 노예가 돼 가는 과정이죠.

담배는 자연의 법칙인 건강을 해치고 결국 아파서 모든 것을 하고 싶지 않은 지경으로 만드는 독입니다. 그런데도 가볍게 여겨 몸을 망가트리는 것입니다. 나는 지난 14년 동안 담배를 전혀 피우지 않았습니다. 나도 이전에는 하루에 10~15개비씩 피우던 사람이었습니다. 피울수록 더 늘고 더 피우고 싶어지는 게 담배입니다. '한 대만 더, 한 대만 더' 하면서 끊임없이 피우게 되기 때문이죠. 하지만 나는 담배의 해로움을 알게 된 순간부터 단 한 번도 피우지 않았고 앞으로도 계속 그렇게 할 것입니다. 건강한 몸은 부와 행복의 근원이기 때문입니다.

내가 담배의 해로움을 알게 된 것은 어떤 경험 덕분입니다. 어느 날 몸이 바들바들 사시나무처럼 떨리고 피가 머리로 솟구치고 심장이 세차게 쿵쾅거리기에 심장병인 줄 알고 잔뜩 겁을 먹고 병원에 갔습니다. 겁에 질린 나머지 담배가 생각나기에 그때도 피웠습니다. 진료와 검사가 끝나 의사를 만났을 때 그가 한 말은,

"심장병이 아닙니다. 담배를 끊으세요!"였습니다.

나는 스스로 건강을 망치고 담배 중독자의 나쁜 본보기를 만드는데 소중한 돈을 낭비하고 있었던 겁니다. 이제 나는 담배를 피우고 있는 젊은이들에게 말합니다. 15센트씩이나 주고 산 담배를 피워 물고 있는 자신의 모습이 멋질 거 같습니까? 미안하지만 전혀 그렇지 않습니다.

또 다른 해로움은 술입니다. 술은 담배보다 10배는 더 해롭습니다, 부자가 되려면 무엇보다 정신이 맑아야 합니다. 기본적인 더하

기 정도는 어느 때든 할 수 있어야 하는 것 아닐까요? 무엇보다 옳고 그름을 판단할 수 있는 성찰에서 나온 신중한 판단력과 앞날을 예견해 일을 결정할 수 있는 사리 분별도 어느 때든 할 수 있어야 부자가 될 수 있습니다. 사업의 세부 사항을 면밀히 검토할 수 있어야 하니까요.

이익이 되는 판단을 내릴 수 없고 그에 따른 계획을 짜고 실행해 낼 수 있는 이성이 없으면 사업에서 성공할 수 없듯, 아무리 복을 타고나도 머리가 흐려지고 술에 쩔어 판단력이 흐려지면 결코 사업에서 성공할 수 없는 것입니다.

친구와 기울인 멋진 한 잔을 마시느라 놓쳐버린 기회들과 다시 오지 않을 기회들이 얼마나 많을는지 그들은 알지 못합니다. 술이라는 흥분물질 때문에 충동적으로 돈을 써 버리거나 순간적인 착각으로 거래를 성사시켜 버리는 어리석은 일은 또 얼마나 많습니까? 신경을 무디게 하고 망상을 일으켜 비즈니스 성공에 필수적인 에너지를 무력화시킨 일로 얼마나 많은 후회의 말을 내뱉었습니까?

꼭 해야 할 일, 꼭 해야 할 결정이 술 때문에 얼마나 많이 뒤로 밀려 버렸나요? 그 많은 기회를 내일 혹은 언제가 될지 모를 그 언젠가로 기약없이 사라지게 만드는 게 술 아니던가요?

이러니 술은 실로 독한 방해꾼이 아닐 수 없습니다. 술을 음료처럼 생각하고 마시는 습관이란 마약에 중독된 것과 조금도 다르지 않습니다. 술도 마약과 동일하게 성공에 치명적인 영향을 미치기 때문입니다. 그만큼 술은 분명한 악이며 세상에 일어나는 많은 악과 밀접히 연관돼 있습니다.

이제 여러분에게 내가 이 막대한 규모의 부를 비약적으로 일으킨 방법을 제시하고자 합니다. 이것은 나의 경우에만 국한되는 어떤 에피소드나 일화를 설명하는 것이 아닙니다. 지금껏 수많은 부자들이 알고 있던 방법과 몇 세대를 거쳐 분명히 입증된 지혜들을 간결하고 분명하게 전하고자 합니다.

contents

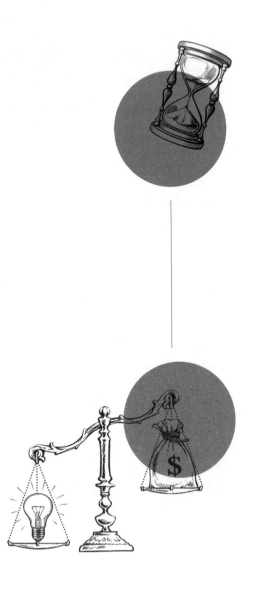

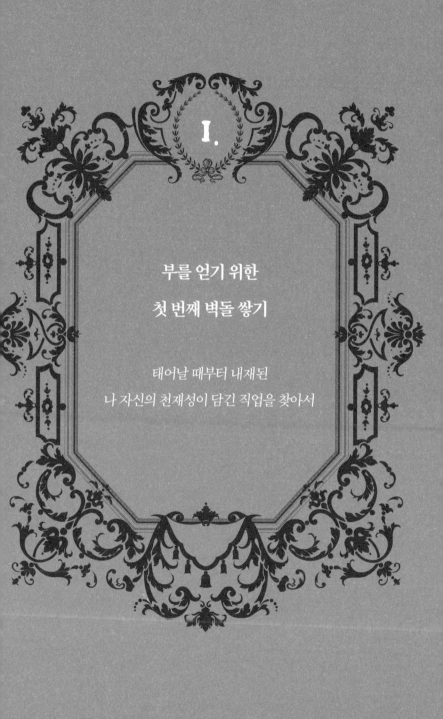

I.

부를 얻기 위한

첫 번째 벽돌 쌓기

태어날 때부터 내재된
나 자신의 천재성이 담긴 직업을 찾아서

인생에 첫 발을 내딛는 청년에게 가장 확실한 성공 계획은 자신에게 가장 잘 맞는 직업을 선택하는 것입니다. 그러나 부모와 선생님들은 아이들이 자신의 적성을 찾도록 돕는 일에 소홀합니다.

아버지들 중에는 자녀를 두고 이렇게 말하는 사람을 흔히 볼 수 있습니다.

"저는 아들이 다섯입니다. 빌은 목사로 키우고, 존은 변호사로, 톰은 의사로, 딕은 농부로 키울 겁니다."

이제 막내인 새미에게 무엇을 시키면 좋을지 선택하기 위해서 시내에 나가 봅니다. 그리고는 집으로 돌아와 이렇게 말합니다.

"새미야, 내가 알아보니 시계를 만드는 직업이 멋지고 꽤 근사한 사업이 될 것 같더구나. 그러니 이제 네가 금세공인이 될 수 있도록 도와주마."

어떤가요? 사실 지혜로운 사람이라면 이쯤에서 웃음이 새어나올 거 같군요. 아이들이 부모가 정해준 길대로, 그것도 다섯 명의 자녀 모두를 기를 수 있습니까? 그런 일은 태고적부터 들은 바가 없는 일입니다.

그런데도 너무나 많은 부모가 이런 일을 아직도 하고 있습니다. 이 일에 아이의 타고난 성향이나 천재성은 전혀 반영되지 못합니다. 결국 한 아이가 지닌 고귀하고 뚜렷하게 타고난 특성을 잃어버린 채, 자신의 재능과 상관없는 일을 하며 사는 일이 허다한 것입니다.

우리는 각자 자신의 할 일을 갖고 태어납니다. 사람의 얼굴이 모두 다르듯, 사람의 타고난 특성과 사고 능력은 각기 다릅니다. 뇌구조 자체가 다른 겁니다.

어떤 사람은 타고난 기계공학자고 어떤 사람은 극심한 기계치입니다. 열 살 남짓한 사내 아이 열댓 명을 모아 놓고 노는 걸 관찰해 보세요. 이 아이들 중 두세 명은 자물쇠나 복잡한 기계를 요리조리 둘러보고 그것들을 만지며 놀 겁니다. 이런 아이들이 다섯 살쯤이라면 별다른 장난감을 사줄 필요 없이 퍼즐 몇 개만 사줘도 시간 가는 줄 모르고 앉아 있었을 겁니다. 즉 이런 아이들은 애초에 기계공학자의 기질을 갖고 태어난 것입니다.

나머지 아이들은 또 다른 적성을 타고났을 겁니다. 나 역시 기계라면 질색하는 아이였습니다. 나는 복잡한 기계를 혐오에 가깝다고 할 만큼 싫어합니다. 그것을 파악하고 알아내 보려는 시도조차 하기 싫습니다. 적당한 관심 정도도 없어서 마시다가 남은 탄산수에 막아둘 마땅한 병뚜껑 하나 만들 생각을 못할 정도입니다.

그뿐만이 아닙니다. 글 쓰는 깃펜 하나 만들지 못합니다. 증기 기관차가 어떤 원리로 달리는지, 간단한 이해조차 하려고 들지 않습니다. 그 모든 게 내게는 버거운 일이었기 때문입니다. 그런데 누군가 나 같은 특성을 가진 소년을 데려다가 시계공이 되도록 만든다면 어떻게 됐을까요?

5년에서 7년쯤, 견습 과정을 거치면 시계 분해 정도야 할 수 있겠죠. 하지만 중요한 건 평생 내가 하는 시계공 일을 힘들어 하면서 '어떻게 하면 이 일을 그만 둘 수 있을까'를 늘 궁리하며 시간을 허비하게 될 거라는 사실입니다. 시계공은 나의 적성이 아니기 때문입니다.

사람은 타고난 천성과 자기 자신만의 독특한 천재성에 가장 적합한 직업을 선택하지 않는 한 성공하기 힘듭니다. 대다수의 사람이 이런 자기만의 특징이 발휘되는 직업을 선택한 것 같아 보입니다. 하지만 안타깝게도 대장장이부터 성직자에 이르기까지 자신의 천직을 잘못 선택한 사람들도 많이 보게 됩니다.

뛰어난 언어학자가 될 사람이 대장장이로 일하고 있거나 구두수선공이나 수리전문가가 변호사나 목사로 일하는 경우가 너무나 많습니다.

그러니 부모라면 일찍부터 자기가 생각한 직업을 아이가 따르도록 강요해서는 안될 것입니다. 어릴 때는 뭣모르고 말도 잘 듣고 곧잘 적성에 맞는 것 같은 결과를 내기도 할 겁니다.

하지만 자기 존재가 커가며 힘이 생기기 시작하면 맞지 않는 공부에 엇나가기 시작할 겁니다. 부모가 무서워 솔직하게 털어놓지 못하는 경우라면 부모를 피해 멀리 갈 수 있는 나이가 될 무렵 폭탄 선언을 하겠지요.

그런 일을 하고 싶습니까? 그런 일을 해야겠습니까? 부모나 아이에게 아까운 시간일 뿐입니다.

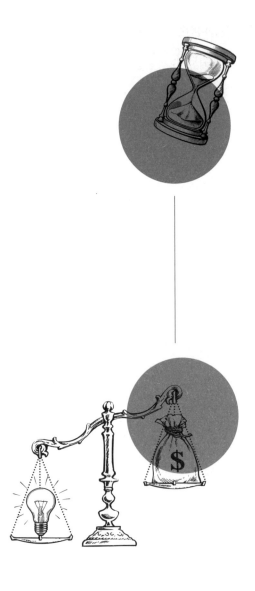

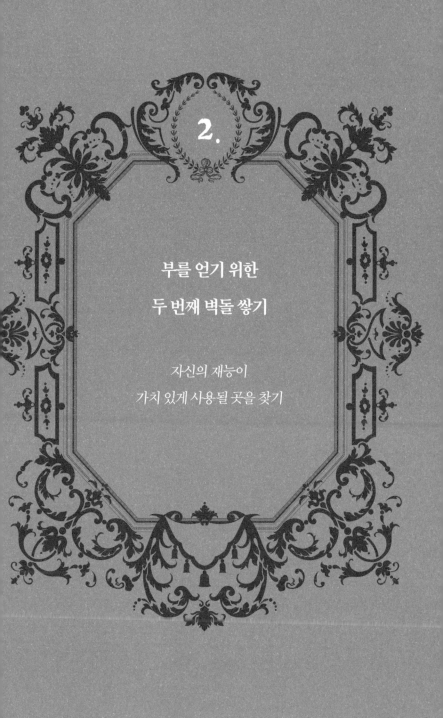

2.

부를 얻기 위한
두 번째 벽돌 쌓기

자신의 재능이
가치 있게 사용될 곳을 찾기

자신의 타고난 재능이 발휘되는 직업을 찾은 후에는 적절한 장소를 신중히 선택해야 할 것입니다. 당신이 '호텔 경영에 탁월한 능력'이 있다고 가정해 볼까요? 그렇다면 매일 5백여 명이나 되는 고객을 만족시킬 뿐 아니라 잘 짜인 시스템까지 운영할 수 있는 사람이겠죠.

하지만 그런 탁월한 능력을 가진 사람이라도 기차도 다니지 않는, 대중교통 수단도 없는 작은 마을에 호텔을 지으면 망할 겁니다. 호텔이 있을 위치가 아니기 때문이겠죠. 또는 이미 그 지역 고객을 모두 수용할 수 있는 자리 잡힌 호텔 근처에 새롭게 호텔을 짓는 것도 주의해야 할 요소일 겁니다. 아무리 뛰어난 재주가 있어도 잘못된 선택은 그 능력이 발휘될 기회를 앗아가기 때문입니다.

이와 관련한 일화 하나를 소개해 보겠습니다.

1858년 런던에 있을 때입니다. 영국인 친구와 홀본(영국의 작은 도시)을 지나는 길에 단돈 1페니로 구경할 수 있는 '뉴욕 쇼' 공연을 보러 가게 됐습니다. 밖에 내걸어 놓은 광고판에는 온갖 진기한 것들이 소개돼 있었기 때문에 호기심이 잔뜩 발동됐기 때문입니다. 저 역시 쇼 공연계에 몸담고 있었기 때문에 친구에게 함께 들어가 보자고 청했죠.

안으로 들어가니 멋진 쇼맨이 보였습니다. 그는 내가 그때까지 만난 쇼맨 중 가장 영리한 사람이었습니다. 그는 자기가 데리고 있던 수염 난 여자와 아르마딜로(천갑산과 같은 등껍데기를 가진 동물)에 관한, 거의 상상에 가까운 놀라운 이야기를 들려주었습니다. 현실적이지 않은 이야기였지만 '그의 말이 사실이 아니라는 증거를 찾느니 그냥 믿는 편이 낫겠다' 싶을 정도로 입담이 대단한 사람이었습니다.

그러다 그 쇼맨이 구경꾼들에게 한쪽에 세워져 있던 밀랍인형을 봐 달라고 말했습니다. 그가 가리키는 곳에는 먼지가 수북하게 쌓여 더럽기 그지없는 밀랍인형이 서 있었어요. 마치 대홍수 이후로 물이라곤 가까이 해 본 적 없을 듯할 정도였죠.

내가 물었습니다.
"저게 뭐가 그리 대단하단 말이요?" 그러자 그가 대답했습니다.
"그렇게 비꼬듯 말하지 말아 주세요. 이건 일반적인 다른 밀랍인형과는 완전히 다른 인형이니까요. 이건 실물을 본떠 만든 인형입니다. 이 인형들을 바라보고 있으면 마치 살아 있는 사람 같지 않나요?"

나는 전혀 굴하지 않고 당당하게 말하는 그의 말을 건성으로 흘려 들었습니다. 그러다 인형에 '헨리 5세'라고 새겨진 글이 보였습니다. 그 밀랍인형은 마치 해골바가지처럼 보였습니다. 약간의 호기심이 생겨서 다시 물었습니다.

"저게 헨리 5세를 본떠 만든 거라고요?"

"네, 맞습니다. 헨리 5세의 명을 받고 실물을 본떠 만든 겁니다."

그는 내가 따지고 들기를 기다리는 듯 보였습니다. 그리고 반나절이라도 설명을 할 태세였죠.

"헨리 5세는 엄청난 뚱보에 늙은 왕이란 걸 모르는 사람이 없는데 저 인형을 봐요. 삐쩍 말랐지 않습니까? 어디 설명해 보시오."

"나 참. 그거야 저 자리에 하도 오래 앉아 있다 보니 삐쩍 마른 거지요."

도무지 당해 낼 수 없는 말솜씨였습니다. 무슨 말을 해도 마치 준비된 대본이 있는 듯 척척 그럴듯한 대답을, 그것도 당당하게 말하는 사람이었습니다.

나는 친구에게 나가자고 하며 이렇게 말했습니다.

"이보게 나가세나. 저 친구한테 내가 누군지 말하지 말아 주게나. 저 사람은 내 위에 올라서고도 남을 사람이야. 아이구 무섭네. 가세나."

며칠 뒤에 나는 그를 따로 불러서 내가 누군지 말해 주고 충고 하나를 해 주었습니다.

"자네는 뛰어난 흥행사네. 하지만 자네가 있을 곳을 잘못 고른 것 같군."

"네, 압니다. 하지만 달리 제가 갈 곳을 아직 찾지 못했습니다."

"미국으로 가게나. 가서 자네가 가진 재능을 그곳에서 마음껏 발휘해 보게. 미국에는 기회가 아주 많다네. 우선 내가 자네를 2년간 고용하도록 하겠네. 그 다음이라면 자네가 머물 곳은 이미 정해져 있을 걸세."

그는 내 제안을 감사히 받았고 내가 운영하는 뉴욕 박물관에서 일했습니다. 그 이후 뉴올리언스로 가서 순회공연을 기획하고 공연을 펼치는 사람이 되었죠.

단돈 1페니로 시골에서 그 재능을 사용하던 이 젊은이는 자신이 있을 적절한 곳으로 옮겨 간 덕분에, 무려 연간 6만 달러를 버는 사람이 되었습니다.

그가 성공할 수 있었던 것은 자신이 가장 잘할 수 있는 직업을 선택한 덕분이었고

그 일을 더 잘할 수 있는 좋은 장소로 옮겨 갔기 때문입니다.

이미 불 속에 있는 사람은 불을 끄려는 노력보다 서둘러 그 불 속에서 빠져 나오는 것이 현명할 것입니다. 그런 사람이라면 몇 번을 옮기는 것은 별 문제가 되지 않을 겁니다. 자기가 있을 곳, 그곳을 찾는 일에 적극적으로 행동하십시오.

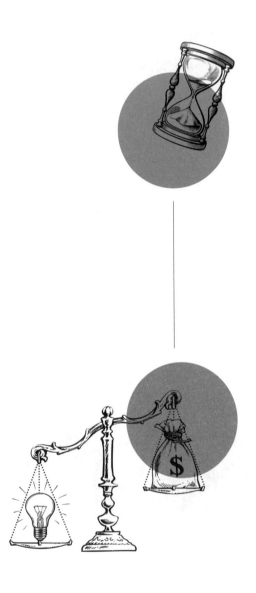

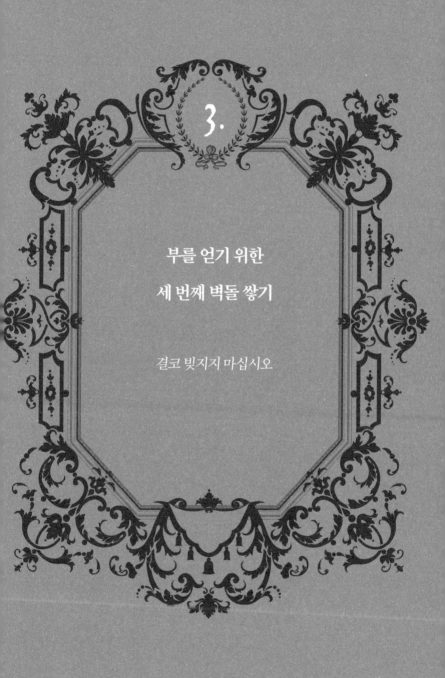

3.

부를 얻기 위한

세 번째 벽돌 쌓기

결코 빚지지 마십시오

돈이 없으면 사람은 여러 면에서 비굴해집니다. 돈이란 사람을 휘두르고 자존감을 해치는 일로 존재를 드러내기 때문이죠. 따라서 사회생활을 시작하는, 첫 발을 떼는 젊은이라면, 결코 돈의 노예로 직행하는 행동을 해서는 안됩니다. 그것은 바로 빚을 지는 일이에요.

젊어서 쉽게 빚을 얻어 이것저것 생활해 본 사람은 나이가 들어도 버릇을 고치지 못하고 평생 빚에 허덕이는 생활을 하는 사람이 너무 많습니다. 사고 싶은 것, 해야 될 것 같은 일, 서둘러 경험해 봐야 할 것 같은 곳에 돈을 빌려서라도 하는 겁니다.

젊어서부터 자주 빚져 본 사람은 남의 돈이 가진 무게에 무뎌지고 더 큰돈을 빌리는 사람으로 발전돼 '부'라는 것을 평생 남의 이야기로 듣고 살게 됩니다.

이런 사람들은 친구를 만나 외상으로 산 새 옷을 자랑해요. 비싼 새 옷이 대단한 듯 말하겠지만 외상값을 여기저기서 메우고 때우며 사는 한 결코 부는 갖지 못합니다. 무서운 사실은 빚은 사람의 자존심을 빼앗고 지신을 경면하게 만든다는 겁니다. 먹고 입고 걸치는

데 쓴 돈을 갚느라 투덜투덜하며 일하죠. 이런 일이 어떤 현상으로 보이세요? 이거야말로 '이미 죽은 말' 값을 갚기 위해 일하는 것과 무엇이 다릅니까?

외상으로 물건을 사고파는 상인이나 물건을 먼저 가져다 판 다음 대금을 지불하는 상업적 형태는 제외하고 이야기해 봅시다. 옛날 퀘이커 교도(17세기 일체의 권위를 부정한, 무정부주의자와 거의 유사한 종파)들은 자기 자식들에게 "절대 외상을 지지 말라"고 가르쳤습니다. 만약 외상으로 무언가를 샀다면 그 돈을 밑거름 삼아 반드시 갚아야 한다고 가르쳤죠.

헤리엇 비처 스토(19세기 가장 인기 있던 베스트셀러-「톰 아저씨의 오두막」의 저자)는 "시골에서 땅을 살 때라면 어느 정도 빚을 지는 것이 좋다"라고 했어요. 하지만 비처 역시 "먹고 마시고 입는 데는 빚을 얻으면 안된다"라고 했습니다.

오늘날 상점에서 외상으로 물건을 사는 어리석은 습관을 가진 사람이 얼마나 많습니까? 이들은 필요하지도 않은 물건을 사는데도 빚을 아무렇지도 않게 집니다. 그 쓸모없는 것들에 지불된 외상이 모두 모이면 그 돈은 눈덩이처럼 불어나 채무이행을 하라며 목을 조입니다.

어떤 사람은 주변 친구들에게 돈을 빌리고는 그 기한을 두세 달 뒤로 미뤄놓습니다. 얼마의 시간이 지나면 친구는 돈을 빌려 줬다는 걸 기억하지 못할지도 모르니 어쩌면 갚지 않아도 될 것으로 착각을 하는 겁니다.

정말 그렇습니까? 당신이 누군가에게 돈을 빌려 줬다면 그 사실이 잊히던가요? 갚기로 한 때가 됐을 때 곧장 채무를 이행하라고 말하지 않았습니까?

돈을 빌려준 사람은 결코 자신이 빌려준 돈의 행방을 잊지 않습니다. 세상에 빚쟁이만큼 기억력 좋은 사람은 없습니다. 이제 돈을 갚아야 합니다. 그렇지 않으면 약속을 어긴 것이고 왜 돈을 갚지 못하게 됐는지 거짓말이라도 꾸며내야 하는 상황이 됩니다. 변명을 하거나 다른 곳에서 빚을 내서 갚을 수도 있지만 분명한 건 그럴수록 빚의 수렁은 점점 깊어질 뿐이라는 거예요.

호레이쇼라는 잘생기고 게으른 견습생이 있었어요. 어느 날 사장이 이렇게 묻습니다.

"호레이쇼, 달팽이 본 적 있나?"

"본 적 있는 거 같습니다."

"그래 만나 봤겠지. 달팽이를 앞질러 본 적이 없을 테니."

참 굴욕적이고 꼬챙이 같은 질문이죠? 하지만 주인은 호레이쇼를 지켜봐 왔고 그가 사는 행동 방식을 비꼰 말이었습니다. 젊은이가 가져야 할 열심히 하는 태도가 아마도 보이지 않았던가 봅니다.

비단 젊은이만 열심히 살고 빚지지 않아야 한다는 말이 아닙니다. 지금 제가 하는 말은 모두에게 적용돼야 마땅한 원칙입니다. 돈을 빌려준 사람은 분명 서둘러 올 겁니다. 그리고 돈을 갚으라고 재촉할 거예요. 만약 갚을 돈이 없다고 하면 당장 각서를 쓰라고 할 게 틀림없습니다. 거기에 이자를 덧붙여 써 놓겠죠.

이제 채권자는 자유가 사라집니다. 각서를 써 주고 나면 족쇄 하나를 찬 셈이나 다름없거든요. 그야말로 '헛돈'을 쓰게 되는 거예요. 빚쟁이는 자고 일어나면 밤새 이자가 붙어 하루가 지날수록 더 가난해지게 됩니다. 자유롭게 지내던 하루가 아니라 하루를 지낸 바람에 이자가 늘어 있는 그런 날을 보내게 되는 거예요. 잠을 자는 동안 더 가난해지는 형국이 된 거죠.

돈이란 매우 훌륭한 하인으로 만들 수도 있고 한편으로 무서운 주인이 되기도 합니다. 돈이란 어느 면으로 보면 불과 같습니다. 어느 쪽으로든 강렬하게 타오르기 때문이죠. 돈이 나를 지배하게 되면, 즉 이자가 계속 붙어 돈을 내야 하거나 끊임없이 쌓여갈 때 그 돈은 나를 비참한 노예 신세로 만들고 맙니다.

하지만 돈이 나를 위해 일하게 하면 돈보다 헌신적인 하인이 또 없습니다. 이자를 내는 게 아니라 이자가 불어날 수 있도록 관리만 잘하면 돈이야말로 세상에 둘도 없는 '종'입니다. 이런 돈은 주인이 보든, 보지 않든 전혀 상관하지 않습니다. 비가 오나 눈이 오나 밤이나 낮이나 가리지 않고 주인을 위해 일하기 때문입니다.

나는 "일요일에 자기 부인에게 키스하는 사람은 벌금형에 처한다"는 청교도들의 도시 코네티컷에서 태어났습니다. 교회법이 이렇게 엄격해도 부유한 청교도인들 중 몇몇은 수천 달러를 빌려주고 이자를 받았습니다. 토요일 밤에는 수백 달러의 이자를 얻고 일요일에는 그리스도인의 의무를 다했습니다.

그들이 훌륭한 종교인으로 충실한 생활을 할 만큼 일주일 동안 이자가 모여 돈이 불어나고 있었기 때문입니다. 아무리 적은 돈도 빚을 지고 갚아야 할 이자를 내는 삶과 매우 적은 돈이라도 이자가 붙어 하루가 지날 때마다 돈이 불어나고 있는 생활은 양극단으로 갈린다는 걸 기억하십시오.

돈에 지배당하지 않는 길은 빚을 지지 않는 길뿐입니다. 만약 지금 빚이 있다면 최소한의 먹을 것과 입을 것의 비용을 제외하고 가장 빠르게 서둘러 청산하기 바랍니다. 쓰는 돈을 아끼면 빚 갚을 돈은 반드시 생기기 마련입니다.

빚은 빚진 시간이 길수록 사람을 노예로 전락시키는 프로그램화돼 있습니다. 빚지지 않는 것이야말로 어떤 연금술사도 찾아내지 못한 현자의 비밀인 것입니다.

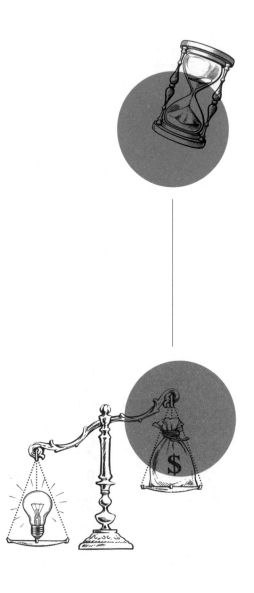

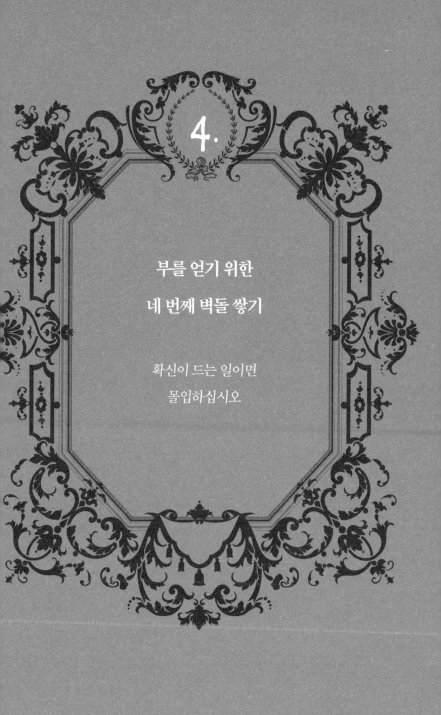

4.

부를 얻기 위한
네 번째 벽돌 쌓기

확신이 드는 일이면
몰입하십시오

"내가 죽더라도 이 말은 기억하라. 옳다는 확신이 든다면 그대로 밀고 나가라!"

서부개척 시대를 대표하는 미국의 국민 영웅인 데이비드 크로켓이 한 말입니다. 이 말을 언급한 이유는 천성이 게으르고 자기에 대한 신뢰가 적어서 무슨 일이든 끈기 있게 하지 못하는 사람들 때문입니다. 끈기를 갖고 무언가 하는 건 어려운 일이기도 하지만 매사에, 모든 일에, 끈기를 가져야 한다고 주장하는 건 아닙니다.

다만 꼭 필요한 일, 올바른 길에 들어섰다면 그때는 뒤돌아보지 말고 지속하는 힘을 내야 합니다. 두려움이나 비관에 사로잡히지 않겠다는 결심은 부를 얻는 여정에 반드시 필요한 덕목입니다. 부자가 되기 위한 싸움에서 힘을 잃지 않는 것, 이 힘찬 발걸음에 강력한 에너지이기 때문입니다.

'열 번 찍어 넘어가지 않는 나무 없다'는 속담은 이제 바꿔야 할지도 모릅니다. 많은 사람이 단 한 걸음만 더 가면 얻게 될 열매를 획

득하지 못합니다. '지금껏 애써 왔지만 얻지 못하는 걸 보면 이쯤에서 포기하는 것이 현명한 일'이라고 완전히 착각하는 일이 안타깝게도 너무 많습니다. 한 번만 더 찍으면 나무는 반드시 넘어갈 것이었는데 말입니다.

스스로를 믿지 못한 채 결국 힘을 잃고 부자가 될 기회를 영영 놓치는 형국입니다.

셰익스피어는 "모든 일에는 다 때가 있다. 그 '때'를 잘 활용하라. 그러면 부자가 된다"라는 말을 남겼습니다. 예나 지금이나 부에 관한 한 별 차이가 없는가 봅니다.

솔로몬도 이런 말을 했어요. "손을 게을리 놀리는 사람은 가난해지지만 부지런히 쓰는 사람은 부자가 되리라"라고요.

내가 주저하는 사이에 진취적이고 저돌적인 누군가는 내가 얻을 수도 있던 기회를 낚아채 가 버립니다. 그 기회는 '부'라는 뿌리를 갖고 있었습니다. 갈팡질팡하고 결정을 주저하는 습관은 사실 많은 부분에 걸림돌이 되곤 합니다.

앞뒤 가리지 않고 덤벼드는 모양새를 말하는 뜻이 아니에요. 기회를 알아보는 눈과 용기가 있다면 그리고 평소 기회와 스쳐 버려야 할 일을 구분지어 볼 수 있는 의식을 가진 사람이라면 기회 앞에 당당히 맞서 일어나야 한다는 뜻이지요.

많은 사람들이 삶의 어두운 면을 지나치게 크게 떠올리고 걱정을 사서 합니다. 이런 사람들은 주변 조언에 많이 의지합니다. 어떤 일이든 누군가에게 의견을 묻고 구하고 그것을 종합해서 결론을 내리려는 의도지요. 행동만 보면 참 좋은 방향 같습니다. 그러나 조언이라는 게 한 방향으로 모아지는 경우가 얼마나 되던가요?

사람은 생각과 경험이 모두 달라서 조언도 묻는 사람 수만큼 생깁니다. 그러다 보면 오히려 길을 잃기 십상 아니던가요?

누군가의 말에 현혹될 필요가 없습니다. 스스로를 믿지 못해 그런 거 아닙니까? 자신을 믿으세요. 나에게 가장 좋고 내가 가장 원하고 내게 이로운 것은 내가 가장 잘 압니다. 뒤따를 것 같은 부정적인 요소에 집중하지 마세요.

어떤 일이든 좋은 일에 나쁜 요소가 함께 들어 있지 않은 일은 없습니다. 행복과 불행은 원래 한 쌍이에요. 다만 그 비율이 다를 뿐이죠. 따라서 나를 믿고 내 스스로 오롯이 결정 내리는 것이 좋습니다. 더불어 함께 오는 부정적인 일은 이겨내고 처리하면 그뿐입니다. 이렇게 하지 않고는 성공이 없습니다.

돈 때문에 자살하는 사람들이 있지요. 도저히 극복할 수 없는 일이라고 생각한 겁니다. 하지만 그보다 더 혹독한 경제적 어려움 속에서도 '반드시 이겨 낼 수 있다'고 생각하고 살고 있는 사람이 상당히 많습니다. 이런 양극에 있는 사람들은 삶의 모든 영역에 언제나 존재해 왔습니다. 당신은 어떤 사람이어야겠습니까?

해결할 수 있고 극복할 수 있습니다. 남아 있는 많은 빚에 너무 몰입하지 마세요. 오늘 하루 해결하고 처리할 수 있는 딱 그 하루에 머무르세요. 그런 하루에 죽을 이유가 뭐가 있겠습니까? 지금 이런 상황이라면 전체를 보지 마세요. 작게 잘라 오늘 하루만 보세요. 오늘 갚아야 할 빚을 모두 갚지 못했다면 내일 갚으면 됩니다. 오늘 할 일에 최선을 다해도 갚지 못한 빚을 매일 매일 한데 모아 커다란 불행으로 어깨에 지우지 마세요.

최선을 다해 오늘 하루에 집중하고, 성실하고 바른 방향으로 나아가고 있다면 결국 좋은 방향으로 문제는 옮겨집니다.

두 명의 장군이 있었습니다. 두 사람 모두 군사 전략에 뛰어났어요. 육군사관학교에서 교육을 받고 머리도 좋았어요. 이 두 사람의 다른 점이라면 한 사람은 인내심이 강했고, 다른 한 사람은 그렇지 못하다는 것이었습니다. 이들 중에 성공할 사람은 이미 정해진 것이나 같습니다. 인내, 즉 끈기로도 표현할 수 있는 특성을 가진 사람은 모든 일에 일정 수준 이상의 성과를 내게 됩니다. 당연히 성공할 수밖에 없는 것이죠.

어느날 병사 한 명이 소리칩니다.

"적들이 대포를 갖고 몰려오고 있습니다."

"대포를 갖고 있다고? 음… 그렇다면 일단 병사들에게 대기하라고 하게."

이 사람은 생각할 시간이 필요한 거예요. 대포를 갖고 오는 적들에게 어떻게 대응할지 전략 짤 시간이 필요하다고 생각한 거죠. 하지만 이게 현명합니까? 대포를 갖고 적들이 몰려오는데 병사들이 멈춰 있으면 되겠습니까? 생각해 본답시고 주저하는 사이 적들이 몰려와 장애물을 부수고 아군을 전멸시킬 유리한 상황을 차지하지 않겠어요? 그의 망설임은 이 경우 파멸입니다.

그렇다면 용기와 인내, 자기 확신과 신뢰를 가진 장군이라면 어떻게 대처할까요?

강한 의지로 전투 한복판에 뛰어들겠죠? 칼과 창이 부딪히고 병사들이 쓰러지는 비명도 들릴 것입니다. 총소리와 대포소리가 굉음을 내는 아비귀환이 될 거예요. 그렇더라도 반드시 물리치겠다는 확고한 결의와 끈기를 갖고 용감하게 칼을 휘두르며 전진할 겁니다. 투지에 가득찬 목소리로 "앞으로! 물러서지 말라!"라고 외치면서 말이죠.

자기 확신 속에 머무십시오. 할 가치가 있는 일이라면 훌륭히 해내야 합니다. 사업을 철저하게 운영해서 부자가 된 사람도 있고 어중간하게 운영하며 딱 그 정도에 머무는 사람이 있는 것입니다. 저돌적으로 몰입하십시오. 전쟁터에 나가 오직 하나만 생각하는 장군의 마음으로요.

부는 언제나 용기 있는 사람들의 몫입니다. 부는 스스로 돕지 않는 자에게 오지 않아요. '짠' 하고 나타나기를 고대하겠지만 평생 목빠지게 기다려도 공상이 될 뿐입니다. 그런 완벽한 착각은 일상 생활의 게으름을 만듭니다. 뭐든 열심히 한다 해도 적극적인 것과는 조금 다른 행동인 경우가 많죠.

할 수 있다면 일찍이든, 늦게든, 계절이 좋든, 나쁘든, 단 한 시간도 게으르지 않게 몰입하세요. 확신이 든 일이라면 말입니다.

최근 영국 신문에 어느 가난뱅이에 관한 기사가 실렸어요. 하숙비를 내지 못해 싸구려 여인숙에서 쫓겨난 그 사람의 허름한 외투 주머니에 서류 뭉치가 있었다고 합니다.

헌데 그 서류 뭉치 속에는 단 한 푼도 들이지 않고 영국의 모든 국가 부채를 갚을 수 있는 획기적인 아이디어가 적혀 있다는 거예요.

조사해 보니 그 아이디어는 누구의 도움도 없이 그가 혼자 생각해낸 아이디어였답니다.

나라에서 수십 만 달러를 들여도 기꺼이 비용을 지불할 것으로 보이는 아이디어를 갖고도 자기 확신도, 제출해 볼 생각도, 그러한 노력도 실행도 하지 않았으니 이 얼마나 어이없는 가난뱅이의 행동입니까?

좋은 계획이 있는데도 가만히 기회만 기다리거나 실행에 따르는 행동에 대한 거부감을 키우는 몹쓸 습관은 언제나 가난과 꼭 붙어 있다는 걸 알아야 할 것입니다. 할 수 있는 일이라면 무엇이든 하십시오. 그것이 없는 한 '부'는 없습니다.

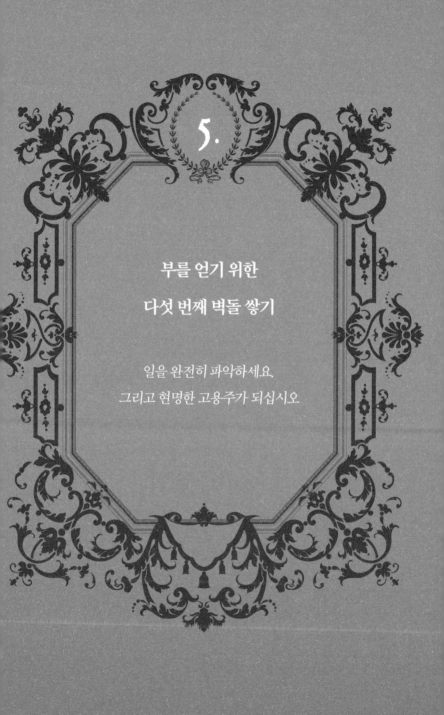

5.

부를 얻기 위한

다섯 번째 벽돌 쌓기

일을 완전히 파악하세요.

그리고 현명한 고용주가 되십시오

사장 한 사람이 직원 열 사람보다 출중한 경우가 많죠. 아마도 당연한 일일 겁니다. 아무리 능력 있는 직원이라도 중요 사안을 간파하지 못할 수 있지만 사장은 중요한 일을 절대 놓치지 않죠. 자기 일을 완전히 이해하고 있는 경우가 많으니까요.

이 말에 연관되는 재미있는 이야기 하나가 있어요. 프랑스를 대표하는 동물학자인 퀴비에는 고생물학 분야에 탁월한 사람이지요. 알아보기 힘든 동물의 뼈 조각을 보고도 원래 형상을 유추해 낼 정도로 유능했으니까요.

어느 날 그의 제자들이 퀴비에를 속이기로 작정하고는 학생 한 명에게 소가죽을 뒤집어 씌웠어요. 그리고는 아무도 없는 강의실에서 그를 기다렸습니다. 강의실에 들어온 퀴비에는 깜짝 놀라죠. 그리고 당황한 기색으로 이리저리 살펴보고 있는데, 갑자기 그 동물이 "나는 악마다. 이제 너를 잡아 먹을 테다"라고 말했습니다.

그러자 퀴비에는 떨리는 목소리로 "발굽이 갈라진 걸 보니 너는 초식 동물인데 어떻게 나를 잡아 먹겠다는 거지?" 하고 물었다고 합니다.

사실 감쪽같이 잘 꾸민 탓에 퀴비에는 그 속에 사람이 있다는 걸 몰랐다고 합니다. 그러나 놀라 당황한 상황에서도 자기 분야의 지식을 동원해 즉시 반박했던 것이죠.

내가 하는 비즈니스를 완벽하게 아는 것은 매우 중요합니다. 성공하는 데 이용하는 것이 비즈니스고 내가 부를 얻고자 이용하는 그 분야에 거의 완벽에 가까운 지식을 갖는 건 절대적인 일이거든요.

옛말에 "운이 나쁜 사람이나 장소와는 관계를 맺지 말라"는 말이 있어요. 이건 운이 좋지 않은 사람은 피하고 그런 장소에도 가지 말라는 말이죠. 아무리 성실하고 똑똑한 사람 같아도 하는 일마다 족족 실패하는 사람은 눈에 보이지 않는 오류나 결점을 분명 갖고 있다고 봐야 한다는 뜻과 같습니다.

세상에 운이 어디 있겠습니까? 모두 만들어 낸 기회를 그렇게 편리하게 부르는 게지요. 매일 아침마다 지갑을 줍는 사람은 없죠. 커다란 행운은 기껏해야 일생에 한 번 찾아 올까 말까예요. 운은 찾는 겁니다. 행운으로 바꿔 말해도 되겠네요. 이 행운은 또 기회라고 바꿀 수 있어요.

행운, 즉 기회는 있다가도 사라지기 일쑤라는 거 동의하시나요? 원인 없는 결과는 없습니다. 계속 실패하고 가난하다면 수정하고 변화시킬 오류가 있다는 거예요. 다만, 성공으로 가는 길을 선택했고 제대로만 골랐다면 제아무리 나쁜 운을 타고났다 해도 매번 그를 막아서지 못합니다. 성공하지 못한 것은 비록 자신과 주변인의 눈에 보이지 않아도 이유가 있다고 봐야 합니다.

앞서 중요한 일을 알아차리는 사장에 대해 이야기를 시작했죠. 거기에 연결해 직원에 대해서도 이야기하고자 합니다. 고용주라면 최고의 직원을 얻는 데 온 힘을 기울이도록 하십시오. 어떤 일이든 훌륭한 도구는 일의 능률을 높이고 결과를 바꿔 놓곤 하지요. 하물며 사람은 더하지 않을까요? 직원을 구할 때는 까다롭고 신중하게 선택하기를 권합니다.

그렇게 직원을 구했다면 계속 바꾸기보다 꾸준히 가르치고 함께 하는 게 좋습니다. 아마도 그는 당신의 비즈니스에 관해 매일 무언가를 배울 겁니다. 그 경험은 고용주에게 이익으로 돌아오지요. 작년보다 올해 더 가치가 큰 직원이 되고 그가 성실한 데다 좋은 마음씨를 가졌다면 당신 옆에 오래 남는 사람이 될 겁니다.

하지만 그가 자기 가치를 스스로 높게 평가하고는 '이곳에 자신이 없으면 안된다'고 자만한 나머지 번번이 임금 인상을 먼저 들고 나오는 사람이라면 가차 없이 해고하십시오. 그런 사람은 자신의 자리가 언제든 다른 사람으로 대체될 수 있다는 사실을 깨달아야 합니다. 또한 자기 가치를 지나치게 과대평가하는 사람은 쓸모없는 사람이에요.

이런 경우가 아니라면 직원은 오래 일할수록 주인에게 이득을 줄니다. 당신의 돈은 그의 경험에 투자되었고, 그것은 곧 이익으로 돌아옵니다.

재밌는 이야기 하나 들려 드릴까요?

누군가 구인 공고를 냈습니다. 그러자 한 사람이 찾아와 이렇게 말합니다.

"저는 손가락 하나로 생각합니다."

그러자 사장이 답했습니다.

"그것 좋군."

두 번째 사람이 와서 말했습니다.

"저는 두 손가락으로 생각합니다."

"음, 그건 더 좋군."

세 번째 사람이 와서 말했습니다.

"저는 열 손가락 모두 갖고 생각을 합니다."

"오 그래. 그건 훨씬 좋구만."

그리고 마지막 사람이 와서 말했습니다.

"저는 뇌로 생각합니다. 생각하며 일을 합니다."

그러자 사장이 기뻐하며 말합니다.

"자네가 바로 내가 원하던 그 사람이네."

재미있나요? 머리 좋고 경험이 풍부한 직원 한 명이 동일한 임금으로 몇 배의 일을 해 낼 수 있다는 이야기예요. 이런 사람이라면 때때로 급여를 합리적으로 올려서 그가 계속 당신과 일하도록 하는 게 좋습니다.

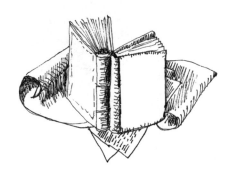

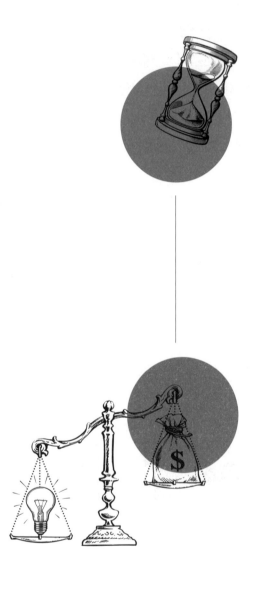

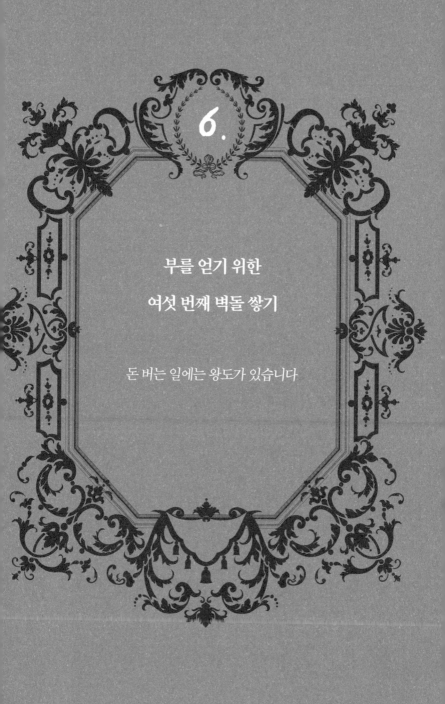

6.

부를 얻기 위한

여섯 번째 벽돌 쌓기

돈 버는 일에는 왕도가 있습니다

직업학교를 마쳤거나 기술직 견습을 마친 젊은이들 중에 취직하지 않고 뜬구름만 잡으며 아무 일도 시작하지 않는 경우가 있습니다. 그들은 자신을 위한 변명이 준비돼 있죠. "나는 일을 배우기는 했지만 취직을 하지는 않을 생각이에요. 내 회사를 차리지 않을 거면 왜 무역이나 전문 기술을 배웠겠어요?"라고 말입니다.

그렇다면 이렇게 질문을 하죠.

"그래, 사업을 한다는 거군. 그럼 자금은 어떻게 마련했나?"

이때 어리석은 답변을 늘어놓는 경우가 허다합니다.

"친척 중에 연로한 고모가 계신데, 아주 부자여서 제게 얼마의 유산을 남겨주실 거예요. 돌아가실 날이 얼마 남지 않았지만 금방 돌아가시지 않아도 몇 만 달러 정도 빌려 줄 돈 많은 투자자를 찾으면 돼요. 어차피 사업은 모두 구상돼 있으니 돈만 있으면 시작할 수 있거든요."

딱 잘라 말하죠. 빌린 돈으로는 사업에 성공할 수 없습니다. 또한 투자금을 구하기 못할 확률이 99퍼센트고요. 빌린 돈으로 사업에 성공할 수 있다고 믿는 것만큼 완벽한 오해도 없습니다. 〈타임스〉를 매수했던 영국의 대표 신문경영자인 존 제이콥 애스터 역시 제 말에 동의하듯 이런 말을 했습니다. "엄청난 부의 기반이 돼 줄 수백만 달러를 버는 것보다 사업을 시작하는 데 필요한 천 달러를 모으는 일이 훨씬 어렵다"라고요.

어린 아이에게 2만 달러를 주고 사업을 시작하게 하면 어떻게 될까요? 아마 1년도 안돼서 한 푼도 남기지 않고 전부 날려 버릴 것이 뻔하죠? 돈의 가치를 경험으로 알지 못하는 한 아무리 돈이 많아도 아무 소용없습니다. 결국 사라질 거거든요.

그런 이치를 이미 돈을 가진 사람들이 모를 리 없어요. 그들도 모두 같은 경험을 해 봤기 때문에 경험 없는 사람에게 자신의 귀한 돈을 결코 내주지 않습니다.

가족 중에 부유한 누군가가 있어서 정말 유산을 받을 수도 있겠죠. 죽을 날이 다 된 늙은 부자에게 아부하지 않을 사람은 없습니다. 하지만 그 유산이 얼마든 복권에 당첨되듯 일순간에 얻은 돈으로 사업을 시작해도 결과는 같습니다. 애꿎은 귀한 유산만 날린 셈이죠.

실제로도 그런 사람은 돈의 가치를 알지 못합니다. 자기절제, 인내와 절약을 통해 갖게 된 자본이 아니면 성공은 멀리 있습니다. 자기 힘으로 번 돈이 아닌 돈은 힘이 없기 때문입니다.

그런 사람이 그런 돈으로 큰 돈을 벌었다는 얘기를 들은 적 있습니까? 혹여 일확천금이라는 행운을 얻은 사람이라도 그런 돈은 주인에게 오래 머물지 않고 이리저리 흩어져 흔적도 남지 않을 곳에 사용되다가 이내 사라지기 쉽습니다.

젊은이라면 누군가 죽어서 얻게 될 유산이 아니라 열심히 일해서 모은 돈으로 사업을 시작해야 합니다. 머릿속 상상이 현실이 될 수 있는지 그 분야에 종사하며 경험과 지식으로 재조명해 봐야 합니다. 사업 구상의 검수 기간을 거치며 한편으로 사업자금을 모아야 합니다. 그 두 가지가 모두 갖춰진 상태에서라야 성공할 기회라도 엿볼 수 있기 때문입니다.

현재 미국의 부호 열 명 중 아홉은 가난한 집안에서 태어났습니다. 그들은 결연한 의지와 인내, 절약하는 좋은 습관을 통해 가난을 딛고 일어나 입지전적 인물이 됐습니다. 꾸준히 일하고 자기 힘으로 돈을 모아 저축했고 기회를 얻었으며 결코 물러서지 않는 투지와 끈기로 부를 이뤄낸 사람들입니다. 큰돈을 모을 수 있었던 최고의 비결이란 결국 이것들이 전부입니다.

금융전문가인 스티븐 지라드는 허름한 오두막집에서 태어났지만 9백만 달러의 재산가가 됐습니다. A.T 스튜어트는 가난한 아일랜드 소년이었지만 이 나라에서 다섯 번째 안에 드는 막대한 세금을 내는 갑부가 되었습니다. 농부의 아들로 태어난 존 제이콥 애스터 역시 2천 만 달러의 사나이가 됐습니다. 코닐리어스 밴더빌트는 뗏목을 젓는 소년에서 백만 달러짜리 증기선을 나라에 기증할 정도의 부자가 되었습니다. 사망했을 때 그의 총재산은 무려 5천 만 달러나 되었습니다.

'배움에는 왕도가 없다'는 속담이 있지요. 그렇다면 부를 얻는 일에도 왕도가 있을까요? 네. 저는 두 가지 모두 왕도가 존재한다고 생각합니다. 난해한 문제를 해결하는 방법을 배운 학생들이 별의 수를 세며 지구의 원자 숫자를 분석하고 하늘의 크기를 잴 수 있게 되는 것처럼 배움은 그 자체로 왕도입니다.

성공을 이루는 길도 같습니다. 일을 추진하세요. 자신감을 가지세요. 그 안에서 규칙을 발견하세요. 그리고 성공하는 사람들의 기본 태도를 탐구하세요. 그 과정에서 쌓인 경험은 매일 더 많은 경험으로 쌓여 스스로 온전히 설 수 있을 때까지 커질 것입니다. 그렇게만 된다면 점점 더 많은 자본금을 모을 수 있을 것입니다. 여기에 여러 곳에서 불어난 자금이 이자로 돌아올 때 결국 부자가 되는 것입니다.

부자로 태어난 아이가 가난한 사람이 되고 가난하게 태어난 아이가 부자가 되는 일은 흔합니다. 아버지가 재산을 형성해 갈 때 옆에서 함께 일을 돕고 배운 자식이라면 돈의 가치까지 배웠을 겁니다. 그런 자식은 물려받은 유산을 소중히 다루며 불려 갑니다.

하지만 그런 과정을 거치지 않고 유산을 받은 어린 아이들의 경우는 다릅니다. 이 아이들은 어려서부터 부모와 주변 사람들로부터 이런 말을 듣습니다.

"너는 달라. 너는 귀한 사람이야. 너는 험한 일은 하지 않아도 돼. 우리가 이미 너를 위해 재산을 따로 떼놓았거든. 너는 이미 네 앞으로 쌓이는 이자를 받고 있는 중이지. 그러니 너는 좋은 일, 꼭 하고 싶은 멋진 일을 하면 돼. 넌 네가 갖고 싶으면 다 가질 수 있는 부자로 태어났으니까."

이 어린 부자는 이내 곧 이 말의 뜻을 알게 됩니다. 그건 가장 좋은 장난감을 가질 수 있다는 뜻입니다. 좋은 옷을 마음껏 매일 입을 수 있다는 뜻이고 무엇이든 맛있고 고급 재료로 만든 음식을 하인을 시켜 먹을 수 있다는 것이란 걸 알게 됩니다. 학교에서 친구들은 친해지고 싶어 하고 아첨하는 일이 많을 거란 뜻이죠.

덕분에 아이는 거만하고 자만심 가득한 사람으로 자랍니다. 선생님을 모욕하고 무엇이든 제멋대로 망가트리죠. 제 손으로 돈을 벌어본 일이 없으니 돈의 참된 가치를 알 리 없지만 자기가 금수저로 태어난 것이 얼마나 좋은 건지는 잘 압니다. 성인이 되면서 흥청망청 즐기다 술집에서 다툼도 벌이지만 이내 벌금을 내고 나와 호기롭게 외칩니다.

"친구들, 부자가 되어도 즐길 수 없다면 부가 무슨 소용이겠어? 신나게 즐기는 게 최고지. 안 그래?"

이런 자식이 아버지의 귀한 돈과 부, 명성을 잃는 것은 당연한 일입니다. 어쩌다 재산이 쌓이는 속도가 더 빠른 집안이라도 결국 건강을 잃고 말 것이니 그때야말로 돈이 무슨 소용 있을까요.

한 세대가 지나면 또 다른 세대가 옵니다. 지금 가난하다면 다음 혹은 그 다음 세대는 부유해질 수 있습니다. 가난을 이겨내고 많은 돈을 번 아버지가 물려준 재산을 아들이 탕진하는 경우는 셀 수 없이 많습니다. 돈의 가치까지 함께 물려받지 못했기 때문이죠. 이런 자식은 오히려 가난해지고 맙니다. 그러다 다음 세대가 다시 일어나 부를 축적할 차례를 맞이합니다. 이렇게 역사는 반복됩니다.

그렇다면 이런 사실로부터 당신은 무엇을 배울 것입니까? 결국 부자를 무너지게 만든 여러 사람의 실제 경험을 들여다보고 장애와 함정 앞에 돈을 지키는 지혜로 비켜가야 하지 않겠습니까.

부의 기본기技

내가 처음 빅토리아 여왕을 알현하러 갔을 때 웰링턴 공작(영국 군인이자 정치가, 총리)이 서로 알고 있던 어떤 장군에 관해 물었습니다.

"그래, 그 장군의 부모님은 어떤 분이신가요?"

그 질문에 "제가 알기에 그 장군의 부모님은 목수였습니다"라고 답했습니다. 그러자 공작은 "아니… 그보다는 좋은 직업을 가졌을 걸로 생각했더니……"라고 반응했습니다. 영국은 수리공이나 노동자를 신사계급으로 여기지 않으니까요.

그러나 미국은 상황이 조금 다르죠. 미국은 대장장이든, 구두수선공이든, 농부, 은행원, 변호사 상관없이 그가 하는 사업이 합법적이면 신사로 대접받습니다. 따라서 합법적인 일을 하는 사람은 좋은 직업을 가진 사람으로 여깁니다. 두 배의 축복인 것이죠. 자기 자신과 다른 사람들에게도 도움 되는 일을 하면서 신사로 대우받으니까요.

그렇다 해도 같은 일에 종사하는 이들보다 앞서가겠다는 원대한 야망을 품어야 합니다.

대학 졸업을 앞둔 학생이 오랜 경험을 가진 변호사에게 질문했습니다.

"저는 아직 어디서 일할지 결정하지 않았어요. 변호사 일은 자리가 많이 있나요?"

"물론이지. 밑바닥에는 사람이 넘쳐나지. 하지만 위로 올라갈수록 자리가 남아돈다네."

얼마나 정곡을 찌르는 말입니까? 모든 일은 위로 갈수록 자리가 남아돌게 돼 있거든요. 가장 최고의 자리에는 사람이 많지 않습니다.

가장 정직하고 성실한 상인이나 은행가, 최고의 변호사, 최고의 의사, 최고의 성직자, 최고의 구두수선공, 최고의 목수, 그 밖에 많은 사람이 가장 많이 찾는 곳에는 항상 굳건한 자리가 존재합니다.

지금은 누구나 지나치게 겉모습에 집착하는 경향이 있어요. 빠르게 부자가 되고 싶어 안달하면서도 자기가 맡은 일을 완전하고 완벽하게 완수해낼 생각은 부족합니다. 부자가 되려면 꼭 해야 할 일인데 말입니다.

하지만 자기가 속한 분야에서 남보다 뛰어나고 좋은 습관을 가진 사람이 반드시 존재하기 마련입니다. 그런 사람이 성실하게 자기 일을 끊임없이 해내기만 하면 모든 일이 주어질 것은 너무나 명백한 결과입니다. 거기서 '돈'이 쌓이고 마르지 않은 '부'의 샘물로 이어지는 것입니다.

자기 탁월성을 최우선으로 삼으십시오. 거기에는 '실패'라는 단어가 없습니다.

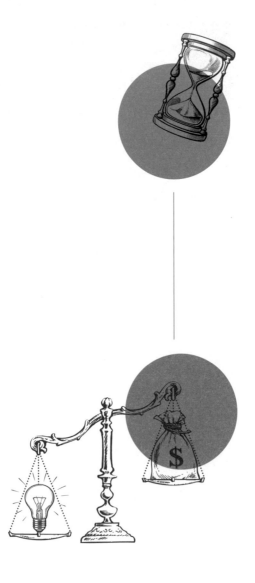

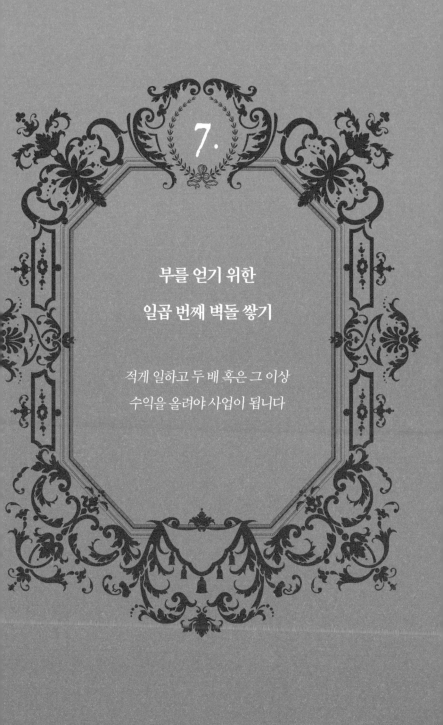

7.

부를 얻기 위한

일곱 번째 벽돌 쌓기

적게 일하고 두 배 혹은 그 이상
수익을 올려야 사업이 됩니다

반만 일하고도 두 배의 결과를 성취하게 되면 어떻게 될까요? 우리가 지금 배우려는 것이 '부'를 얻는 것이죠? 그렇다면 이런 경우는 어떻게 만들어지는지 알아봐야 할 것 같군요. 이런 결과에 필요한 도구는 '체계적으로 일하기'입니다.

규칙에 따라 일을 하고 적합한 장소와 시간을 계획해 두고 신속하게 일을 처리하면서도 이미 검증된 프로세스에 따르는 것입니다. 이런 사람은 부주의하고 엉성하게 일을 처리하는 사람보다 두 배나 많은 일을 하면서도 절반의 어려움만 극복하면 됩니다.

이들은 모든 사업과 업무 체계를 정하고 한 번에 한 가지 일을 합니다. 언제나 약속을 지키기 때문에 급하고 갑작스레 발생되는 돌발 상황이 현저히 적습니다. 따라서 많은 일을 하면서도 시간에 여유가 많고 취미나 여가 활동도 느긋하게 누리며 삽니다.

반면 이 일, 저 일, 왔다 갔다 하면서 마치 자신을 여러 일을 두루 잘 처리하는 능력가로 자처하며 일하는 사람은 어떤 일도 매듭짓지 못하며 일의 마무리도 늘 엉성합니다. 시작은 거창하고 진행할 때는 정신없이 몰아치는가 싶다가 그 일의 끝을 보지 못합니다. 또 다른 비슷한 일을 저지르고 같은 상황을 매번 반복하는 사업가가 이런 경우입니다.

그런 식으로는 절대 최고가 되지 않습니다. 또한 경영적 측면에서도 단단한 사업을 만들어 내지 못하며 직원들의 피로감만 계속 끌어 올립니다. 성과가 날 리 없죠.

물론 체계적으로 일하는 것에는 절충선이라는 게 있습니다. 지나친 체계는 오히려 창조적이지 못하고 일을 그르치게도 만드니까요. 큰 틀에서 체계화를 갖췄다면 세부적인 사항은 유연함으로 채워야 하겠습니다. 마치 관청이나 행정 기관이 받는 평가처럼 형식적인 관료주의 이론만 있고 실제적인 해결에는 한참 미치지 못하는 것처럼 되면 안되니까요.

뉴욕 최고를 자처하며 문을 연〈애스터 하우스〉호텔의 이야기에서 예를 찾아봅시다.

애스터 하우스 경영진은 오랜 시간 유럽에서 호텔을 연구해 온 유능한 사람들이었고 모든 부서에 엄격하게 적용되는 체계를 큰 장점으로 내세웠습니다. 자정이 되기 전이면 호텔은 투숙객으로 만원이 되었죠. 그때 경영진 중 한 사람이 화재경보 벨을 누릅니다. 그리고 단 2분이면 60명의 웨이터가 양손에 물 양동이를 들고 로비로 집결했습니다.

"보십시오. 이것이 바로 저희 호텔의 화재경보 시스템입니다. 여러분은 매우 안전한 곳에 머물고 계십니다."

사실 이때는 뉴욕 시에서 크로톤 저수지 물을 끌어다 쓸 수 있는 체계가 마련되기 전 일이기 때문에 단 2분 안에 그 많은 물을 담아 화재에 대응할 수 있다는 건 분명 대단히 자랑할 만한 일이었습니다.

하지만 가끔 경영진이라는 사람들은 시스템을 너무 과하게 맹신하고 따르게 하려는 강박증이 있는 것 같습니다. 어느 날 웨이터 한 명이 몸이 아파 일을 못할 정도가 됐습니다. 하지만 그 날도 호텔은 만원이었어요. 아픈 웨이터 말고도 59명의 웨이터가 있었지만 경영진은 매일 60명의 웨이터가 반드시 상주해야 호텔 업무가 제대로 돌아갈 수 있다고 믿었습니다. 손님들의 저녁 식사 시간 전 지배인은 허둥지둥했습니다.

"지금 당장 웨이터 한 사람이 더 필요해. 오, 이런. 어쩌면 좋지. 지금 웨이터가 부족하다고."

그때 마침 아일랜드인 구두닦이가 보였습니다. 그리고 그에게 다가가 말했습니다.

"자네 웨이터 일을 해 본 적 있나?"

"해 본 적은 없지만 어떻게 하는 건지는 압니다."

"그렇다니 다행이군. 자네는 어서 가서 손과 얼굴을 닦고 앞치마를 두르고 식당으로 가게나."

지배인은 그가 식당 의자 뒤에 서서 서비스해야 할 테이블을 가리키며 말했습니다.

"자, 이제 자네는 우리 호텔의 체계에 맞게 움직여야 하네. 자네는 의자 뒤에 서 있다가 손님이 도착하면 수프를 갖다 드리게. 그리고 수프를 다 드신 후에 무얼 더 드시고 싶은지 물어보면 되네. 자네는 이대로만 하면 되네. 알겠지?"

이내 손님이 테이블에 앉기 시작했습니다. 그는 손님에게 수프를 가져다 드리고 가만히 기다리고 서 있었어요. 그가 안내한 테이블에 앉은 신사 한 명은 수프를 모두 먹었고 한 명은 수프를 입에 대지도 않고 이야기를 나누고 있었습니다. 한참을 기다려도 웨이터가 오지 않자 "웨이터, 이 접시 좀 치워가고 생선 요리를 좀 갖다 줘요"라고 손님이 말했습니다. 그러자 구두닦이는 지배인이 신신당부한 체계를 즉시 떠올리며 대답했습니다.

"죄송하지만 수프를 다 드시기 전까지는 음식을 가져다 드릴 수 없는데요."

실제로 이 손님과 이 아일랜드 청년은 몇 번의 실랑이를 벌였고 소란을 눈치 챈 지배인이 황급히 달려와 상황을 정리해야 했답니다. 체계를 강조하는 경영이 아래 직급으로 파생돼 내려갈 때 벌어질 수 있는 재밌는 일화입니다. 지배인 역시 체계라는 룰에 지나치게 세뇌돼 있었던가 봅니다.

이 정도의 상황까지 도달되지 않도록 관리한다는 가정 하에 저는 여러분에게 체계화된 시스템 기준을 세우고 스스로 거기에 입각해 사업할 것과 일할 것을 강조합니다.

같은 시간 일하고 같은 돈을 벌거나 받는 것에서 벗어날 궁리를 해야 부를 얻게 되는 게 자명하기 때문이죠. 그렇기에 적은 시간만 일하고도 두 배 혹은 세 배나 그 이상의 수입을 얻어가야 하는 거 아니겠습니까?

업무에 능숙하면 일하는 시간이 단축됩니다. 또 정확하게 일을 수행해 나갈 수 있게 되죠. '감'이나 '직감'에 따라 그때그때 이리저리 임기응변으로 오래 일하다 보면 매번 나 혼자 일하게 됩니다. 내가 가장 일을 잘하기 때문에 더 이상 확장시키거나 다른 사람을 부릴 수 없게 되거든요. 따라서 우선 자신부터 시스템을 마련하고 체계를 잡되 올바른 습관과 성실함으로 그 밑바탕을 채우세요. 그리고 그것을 조직화해 나가면 그게 사업이고 비즈니스가 됩니다.

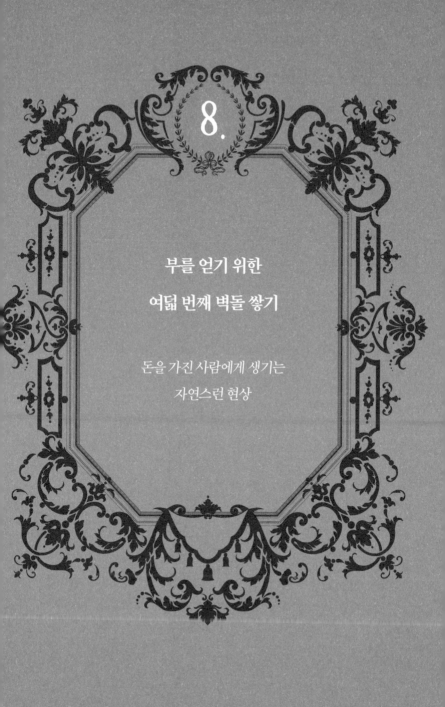

8.

부를 얻기 위한
여덟 번째 벽돌 쌓기

돈을 가진 사람에게 생기는
자연스런 현상

우리는 때때로 많은 재산을 얻은 사람이 순식간에 몰락해 가난해지는 것을 목격하게 됩니다. 겉으로 볼 때는 한순간 같아 보입니다. 허나 튼튼해 보이던 댐도 하루아침에 무너지지 않죠. 그 안에는 이미 무너질 수 있는 몇 가지 문제점이 존재해 있었고 그것이 계속돼 한순간에 와르르 무너진 것처럼 보일 뿐입니다.

사람 개개인의 부나 성공이 하루아침에 바닥으로 곤두박질치는 것은 대개의 경우 무절제한 소비와 여러 나쁜 습관, 때론 도박이나 도박 같은 결정이 원인인 경우가 많습니다. 그러나 그보다 더 직접적인 경우는 자신의 사업 이외의 다른 곳에 뛰어들었을 때입니다.

성공한 사람 주변에는 수 만 달러의 수익이 보장된다는 투자 권유가 넘치게 됩니다. 또한 자신을 치켜세우는 사람들 가운데 놓이는 일도 많아집니다.

운이 좋다거나 재물 복이 타고났다거나 탁월한 판단력으로 돈 되는 일을 가려내는 눈을 가졌다는 둥, 뭐든 잘 하는 사람이라는 아부성 발언이 넘치게 됩니다. 꼭 아부가 아니라도 남들 눈에는 부러운 사람이니 칭찬 듣는 일이 많아집니다.

그러다 자신을 성공으로 이끌어준 사소한 습관들부터 차츰 놓기 시작합니다. 점점 더 기본적인 것들에 느슨해지고 성공과 부를 만들어 준 몇 가지 좋은 습관들도 더는 하지 않기 시작합니다. 절약정신이나 성실함, 일에 집중하던 태도를 잊습니다.

그런 가운데 솔깃한 이야기들이 들려옵니다. 고되게 반복하던 일보다 효율적이고 멋진 수준의 일이 여기저기 기회의 손을 내밀어 옵니다.

"좋아. 이 일은 멋진 일이 분명해 보이는군. 2만 달러 정도는 투자해도 되겠어. 훗날 적어도 6만 달러로 불어날 가능성이 커 보이니까."

투자 자체는 매우 바람직한 비즈니스입니다. 하지만 지금 내가 말하려는 것은 그보다 본질적인 위험에 관한 인식을 새겨야 한다는 것입니다. 이렇게 투자를 시작하고 나면 곧장 또 다른 상황이 생기는 일이 다반사거든요.

머칠 혹은 얼마의 시간이 흐릅니다. 그러자 다시 1만 달러를 더 투자해야 하는 상황이 생깁니다. 또 얼마 지나지 않아 2만 달러를 더 넣으면 엄청난 수익을 얻게 될 것 같은 일이 생깁니다. 이렇게 이미 투자한 돈을 회수하기 위해 벌어지는 온갖 상황에 끌려다니는 사이 처음 결정한 투자금의 몇 배 혹은 그 이상의 돈이 들어갑니다.

또는 그 투자에 몰두한 나머지 누군가의 권유 없이 스스로 추가적인 투자를 하는 상황에 놓이기도 합니다.

하지만 이내 상황은 돌변합니다. 뭔가 일이 잘못돼 가는 겁니다. 하지만 내가 할 수 있는 일은 그다지 많지 않습니다. 애초에 내가 해온 비즈니스 시장이 아니기 때문에 투자금을 회수할 수 있는 상황인가 이리저리 급히 알아보러 다니는 것 외에 현재 벌어진 상황을 전화위복시키거나 문제를 해결할 수 있는 권한이나 능력이 내게 있지 않기 때문입니다.

이렇게 커다란 재산 손실을 입습니다. 손실을 입는 것에서 멈추는 게 아니라 완전히 잃는 경우도 너무나 많습니다. 졸지에 빈털터리가 되는 겁니다 돈을 많이 벌면 누가 봐도 좋을 법한 투자처에 투자하는 일은 정상입니다. 하지만 자기 자신에게만 좋은 곳보다 궁극적으로 인류 모두에게 좋을 만한 곳에 투자해 그 비용이 모두에게 이롭게 사용될 곳에 투자하는 게 좋겠지요. 하지만 그렇다 해도 너무 많은 돈을 투자해서는 결코 안됩니다.

내가 가용할 수 있는 범위를 가득 채우거나 위험성까지 고려해 잃어도 심각한 타격을 입지 않을 수 있는 수준에서 조심스럽게 투자해 가야 하는 것이죠. 힘들게 일해서 번 귀한 돈인데, 결코 위험한 곳에 전부를 흘려보내선 안되죠. 잘 알지도 못하는 분야에 투자해 몽땅 잃는 위험을 계속 멀리 하십시오.

그런 제안은 성공한 사람 모두에게 오는 일임을 기억하십시오. 지금까지 부를 유지하고 있는 사람들은 투자에 매우 신중했고 조심스런 결정을 내려왔기에 자산을 지켜낸 것임을 기억하십시오.

한순간에 재산을 몇 배로 불릴 방법이 있다고 해도 따르지 마십시오. 혹 누군가 그런 경험을 했다고 들어도 그 일은 그 사람에게 매우 제한적으로 일어난 일일 뿐, 두 번 혹은 나에게까지 일어날 일이 아니란 사실을 받아들이면 판단에 도움이 될 것입니다.

8장

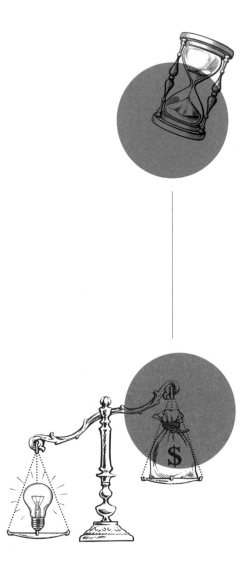

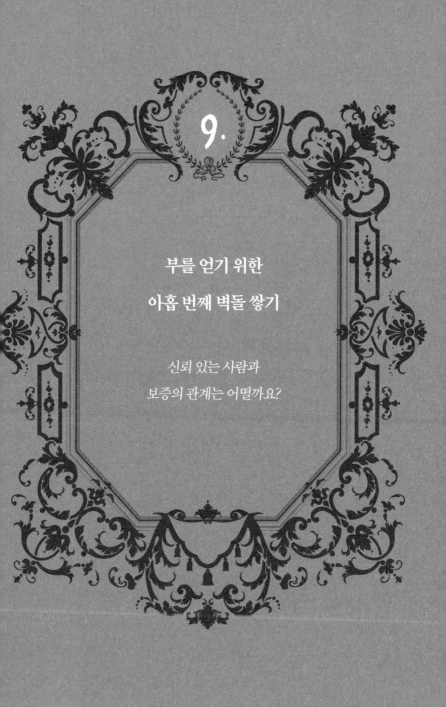

9.

부를 얻기 위한
아홉 번째 벽돌 쌓기

신뢰 있는 사람과
보증의 관계는 어떨까요?

나는 어떤 사람이든, 그것이 아버지나 형제라도 객관적 담보 없이는 돈을 빌려주지 않아야 한다고 생각합니다. 더 상위 버전으로는 어음에 대신 사인해 주거나 보증을 서는 일을 원칙적으로 하지 않을 것을 재차 강조합니다.

2만 달러 이상의 재산을 가진 사람이 있다고 가정해 봅시다. 그는 안정적인 제조업과 무역업을 동시에 운영하고 있습니다. 내 뜻은 안정적인 사업을 하는 사람을 가정해 보자는 것입니다. 그런 그가 퇴직금으로 생활하고 있는 당신에게 찾아와 이렇게 말합니다.

"자네는 내가 2만 달러 이상의 자산이 있다는 걸 알고 있을 걸세. 내게 빚이 없다는 것도 알 걸세. 그러니 현금 5천 달러를 내게 빌려 줄 수 있겠나. 그 돈으로 살 물건이 있는데 물건을 팔면 원금의 두 배를 벌 수 있다네. 그러니 내 어음에 사인을 좀 해 주게나. 자네가 보증해 준 원금에 20퍼센트의 이자를 더해 돌려 줌세."

대다수의 사람은 이런 경우 그가 2만 달러 이상을 가진 자산가라는 사실에 집중합니다. 그리고 굳이 담보를 확인하는 절차를 거쳐 자신이 까다로운 사람으로 보일 수 있는 상황에 부담을 느끼기도 합니다. 따라서 확실한 확인 없이 어음에 사인해 줍니다. 얼마 뒤 그는 만기일이 거의 다 된 어음을 당신 앞에 펼쳐 보이며 큰소리칩니다.

"내가 생각한 것 이상의 수익을 거뒀다네. 역시 내 판단이 옳았어."

당신은 이 사람을 돕기 잘 했다는 생각이 듭니다. 뿌듯한 마음에 덤으로 수익까지 나눠주니 기쁩니다. 이런 과정을 몇 번 되풀이하다 보면 담보 없이 어음에 사인을 해도 아무런 문제가 없다는 위험한 경험적 신뢰가 쌓입니다. 상대를 잘 알기만 하면 담보 없이 어음에 사인을 해 줄 수도 있다는 잘못된 기준을 갖게 되는 것입니다.

문제는 그가 돈을 너무 쉽게 벌고 있다는 것입니다. 그는 사인된 어음을 은행에 가져가 할인을 받고 현금을 받기만 하면 됩니다. 그는 당분간 아무런 노력 없이, 불편함 없이 돈을 가질 수 있습니다. 그래서 어떻게 될까요?

많은 돈을 그런 식으로 활용하다 보면 자기 분야가 아닌 별도의 투자, 어쩌면 투기에 가까운 기회로 눈이 쉽게 돌아갑니다. 투자에 1만 달러 정도가 필요해도 그 정도는 어음 만기일 전에 충분히 회수

돼 돌아올 걸로 보입니다. 신중하게 판단했을 테고 스스로 보기에 문제 없을 곳에 투자할 겁니다.

이제 그는 다시 당신에게 찾아옵니다. 그리고 1만 달러가 쓰인 어음을 내놓습니다. 당신은 거의 기계적으로 사인합니다. 당연하게 여길 정도가 된 것입니다.

이번에는 어디에 투자하는지 간단하게 묻고는 이내 다른 이야기를 나눌 만큼 지금 벌어지고 있는 일의 중요성을 망각한 것입니다. 이 사람은 책임감 있고 신뢰할 수 있는 사람이라는 확신이 그의 어음에 사인하는 것을 가볍게 여기도록 착각을 일으키고 있는 것이죠.

하지만 어떤 투자든 매번 성공하지 않습니다. 그가 여러 번 반복하는 사이 스스로도 투자의 위험성에 느슨해져 위기를 인식하지 못한 사이에 위험은 가까이 와 있습니다.

만기일이 도래하고 어음을 막을 돈이 회수되지 못하면 다시 1만 달러가 필요해집니다. 하지만 다시 어음을 발급받아 만기일을 연장할 수 있습니다.

결국 두 번째 어음 만기일이 되기 전에 투자한 종목이 파산해 투자한 돈이 모두 사라집니다. 그러면 돈을 빌려간 그 사람은 당신에게 상황은 손직하게 막해 줄까요? 절대 그럴 리 없습니다. 그는 투기에 가까운 곳에 돈을 썼다는 사실을 입 밖에도 내지 않을 겁니다.

그리고 모든 투기꾼이 말하듯 '돈을 잃은 곳에서 다시 돈을 찾아 올 수 있다'고 생각합니다. 하지만 그런 투기꾼들이 실패했다는 사실은 전혀 고려하지 않고 있습니다.

그는 다시 시도합니다. 그리고 당연하게 습관처럼 돈을 잃을 때마다 어음을 들고 와 사인을 받아 갈 겁니다. 그렇게 이리 저리 돈을 굴리며 먼저 도래한 어음을 막고 돈을 돌려주기를 반복하는 겁니다.

자신에게 필요한 돈을 어음으로 충당해 가는 것입니다. 그러는 사이 결국 그는 자신의 전 재산뿐 아니라 당신의 재산까지 몽땅 잃고 맙니다. 당신은 그 소식을 듣고 깜짝 놀라며 두려움에 휩싸입니다.

"어떻게 이런 일이 생겼단 말이지. 내 친구가 나를 망쳐 놓다니……"라며 탄식합니다. 하지만 이 탄식에 한 마디가 빠졌습니다. 당신은 "내가 그를 망쳐놓았구나"라는 말도 함께 해야 합니다.

애초에 "자네를 돕고 싶지만 충분한 담보가 없는 한 나는 절대로 내 은퇴 자금을 자네에게 줄 수 없네"라고 말했어야 합니다. 그랬다면 그는 돈을 쉽게 융통해 투자를 일삼는 그 일을 하지 않았거나 하지 못했을 수 있습니다.

자신이 잘 알지 못하는 분야에 투자하지 않았을 것이고 정당한 사업에서 벗어나 유혹에 쉽게 빠지지 않았을 것입니다. 이렇듯 누구나 너무 쉽게 돈을 융통하거나 갖는 건 위험한 일입니다. 위험한 투기의 유혹에 아무렇지 않게 넘어가게 됩니다.

그러므로 주위에 일을 시작하려는 사람이 있다면 그가 돈을 벌어서 돈의 가치를 이해하게 해야 합니다. 그가 그렇게 번 돈의 가치를 이해하면 사업을 시작할 수 있도록 약간의 도움을 줄 수 있지만 다시 되돌아오지 않아도 될 정도의 돈으로 도와야 합니다.

처음부터 너무 큰 투자가 필요한 일을 벌여서 돈을 번 사람은 성공을 지속하기 매우 어렵다는 사실을 이해해야 합니다. 쉽게 번 큰돈은 그 사람 손에 오래 머물지 않기 때문입니다. 돈의 가치는 희생을 감수하고 열심히 노력해서 얻는 과정을 거치면서 알게 되기 때문입니다.

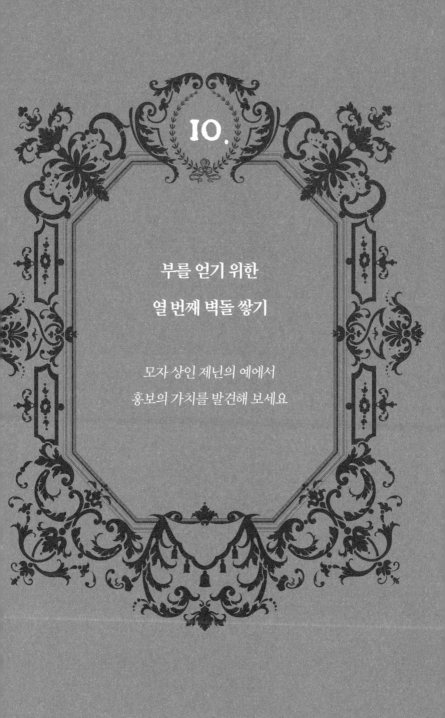

IO.

부를 얻기 위한
열 번째 벽돌 쌓기

모자 상인 제닌의 예에서
홍보의 가치를 발견해 보세요

사업은 대중의 관심에 의존합니다. 변호사, 의사, 제화공, 예술가, 대장장이, 오페라 가수, 대학교수 외 수많은 직업을 가진 다양한 사람들로 이뤄진 합이 대중이죠. 그렇기에 대중을 상대하는 사람은 자신의 상품 가치가 그들에게 만족감을 줄 수 있는지 항상 주의해야 합니다.

고객을 만족시킬 수 있고 사용해 본 고객이 쓴 돈에 준하는 가치를 얻었다고 느낄 수 있는 상품을 만들었다고 확신됐다면 그 사실을 알리는 데 힘쓰는 일은 매우 중요합니다. 아무리 좋은 물건도 아무도 모르면 소용없으니까요.

거의 모든 사람이 신문을 읽습니다. 5천에서 20만 부까지 발행되고 있는 신문이나 기타 다른 형태의 광고는 당신이 잠든 사이에도 누군가가 읽고 있습니다. 인생 전체의 철학은 먼저 '심고' 그 다음에 '거두는 것'입니다. 농부의 일과 같죠. 이 원칙은 모든 종류의 일, 특히 광고에 효과적으로 적용됩니다.

좋은 물건을 갖고 대중에게 광고하는 것보다 큰 이득이 되는 일은 없습니다. 단, 광고를 하기에 앞서 정말 좋은 것, 진짜를 광고해야 한다는 원칙이 중요합니다. 대중은 물건을 광고하는 사람보다 더 영리합니다. 때문에 그다지 훌륭하지 않은 물건을 광고한다고 해서 오랫동안 이익을 볼 수 없습니다.

사업하는 사람은 최대의 이익을 얻을 수 있는 방법으로 광고를 선택하지만 사람을 현혹시키는 일은 그다지 오래 가지 않습니다. 곧 그 가치의 진위 여부는 드러나게 돼 있습니다. 손님이든 고객이든 대중이든 한 번만 당신에게 오게 하면 안 됩니다.

때때로 누군가는 "내가 판매하는 것은 가치도 매우 높고 광고도 잘하고 있지만 사업적 이익으로 돌아오지 않고 있습니다"라고 말합니다. 어떤 규칙이든 예외는 있을 수 있습니다. 그렇다면 어떤 광고를 어떻게 하고 있던 걸까요?

그는 말합니다. " 주간 신문에 세 번이나 실었고 그 대가로 1달러 반이나 지불했습니다. 아무래도 광고는 별로 효과가 없는 거란 걸 배우게 되는 것 같습니다."

프랑스의 한 작가가 한 말을 여기서 인용해 보면 좋을 것 같습니다. 그는 이렇게 말했습니다. "신문을 읽는 독자는 평범한 광고를 처음 봤을 때 인식조차 하지 못합니다. 두 번째는 쳐다는 봐도 읽지는 않습니다. 세 번째가 돼서야 한 번 읽고, 네 번째 봤을 때는 가격을 봅니다. 다섯 번째 보게 되면 아내에게 말하고 여섯 번째에 구매해 봐야겠다는 생각을 합니다. 그리고 일곱 번째가 돼서야 드디어 물건을 구입합니다."

광고의 목적은 대중에게 당신이 가진 것을 이해시키는 일입니다. 당신이 그 정보가 전달될 때까지 광고를 계속할 수 없다면 광고비는 쓸데없이 허비된 셈입니다. 그러니 광고를 하려면 대중에게 당신이 무엇을 알리고 싶은 건지, 계속해서 알려야 합니다. 계속 알릴 수 없다면 일시적으로 사용한 광고비 자체가 무용지물이 되고 말기 때문입니다.

자극적인 문구를 작성하고 대중의 눈길을 끌 수 있는 광고 문구를 만들 수 있다면 분명 사업에 커다란 강점이 돼 줄 것입니다. 독특한 간판이나 신기한 광고판을 만들어 광고할 수도 있을 겁니다.

얼마 전 길을 걷다 인도 위로 뻗어 있는 그네 간판을 보았습니다. ㄱ 위에 이런 글이 새겨 있더군요.

'뒷면을 읽지 마시오'

물론 나는 뒷면을 읽었습니다. 다른 모든 사람도 마찬가지였을 겁니다. 알고 보니 그 광고의 주인은 그런 식으로 사람들의 주의를 끌어들여 자신의 비즈니스를 알려왔고 큰 성과를 올리고 있었습니다.

모자 제조업자인 제닌이라는 사람의 홍보 전략 이야기를 해 드리죠. 제닌은 난생 처음 경매장에 갔던 날 제니 린드(스웨덴의 가희歌姬라고 불렸던 오페라 가수)의 공연 관람권을 225달러에 낙찰받습니다. 그는 이 티켓 구매가 그녀의 명성에 힘입어 훌륭한 광고가 될 거라고 생각했던 거죠.

제닌에게 표가 낙찰되었을 때 경매인이 물었습니다. "낙찰자가 누구입니까?" 그러자 제닌이 대답합니다. "모자 상인 제닌입니다." 그 장소에는 그곳에서 멀리 떨어진 여러 도시에서 찾아온 상류층 사람이 수천 명은 모여 있었습니다. 사람들이 웅성거리기 시작했습니다.
"모자 상인 제닌이 누구지?"

그때까지 제닌의 이름은 알려진 적이 없었기 때문이죠. 다음날 아침이 되자 이 경매 소식은 신문을 통해 메인 주에서 택사스 주까지 전해졌습니다. 5백만 명에서 천만 명에 가까운 사람이 경매에서 제니 린드의 공연 표 전체가 2만 달러에 팔렸으며 그중 225달러라는 거금으로 '모자 상인 제닌'에게 낙찰되었다는 기사를 읽었습니다.

그러자 전국 각지의 사람들이 너도나도 모자를 벗고 자신이 쓴 모자가 '제닌' 모자인지 확인했습니다. 아이오와 주의 어느 마을에서 '제닌' 모자를 쓴 남자가 있었는데 그 모자는 낡아서 2센트의 가치도 없었지만 사람들에게 자신의 모자를 보여주며 "나는 제닌의 모자를 쓰고 있다"고 자랑했습니다.

그러자 사람들은 "당신은 정말 좋은 모자를 가졌군요. 그 모자를 잘 간직하세요. 그건 자식에게 물려줄 만한 가보가 될 테니까요"라고 말하기까지 했습니다. 그때 누군가 이렇게 말했습니다.

"이봐요. 그러지 말고 그 모자를 경매에 내놓아 주시오. 이 모자를 경매에 붙입시다"라고 제안했습니다. 이내 경매가 열렸고 단 2센트의 가치도 없던 낡은 모자는 9달러 50센트에 팔렸습니다.

이 사건의 주인공 제닌은 어떻게 됐을까요?
그로부터 6년 동안 1만 개의 모자가 판매됐습니다. 그 중 10명 중 9명은 호기심으로 제닌의 모자를 구입했으며 이내 그 모자가 지불한 돈의 가치보다 더 좋다는 것을 알게 되었습니다. 그리고 셀 수 없이 많은 사람이 제닌 모자의 단골 고객이 되었습니다.

이렇게 기발한 광고로 사람들의 이목을 끌고 정말 좋은 물건으로 자신을 다시 찾아오도록 만든 실제 이야기에서 우리가 배울 것은 무엇입니까?

모든 사람이 제닌처럼 광고해야 한다고 말하려는 걸까요? 아닙니다. 그러나 나는 어떤 사람이든 판매할 물건이 있다면 어떤 식으로든 광고하지 않으면 곧 파산할 수 있다는 사실을 알려주려는 겁니다.

모두가 신문에 광고를 해야 한다고 생각하지도 않습니다. 그렇다 해도 모두가 보는 곳이라면 그것은 필수불가결하다고 말하는 것입니다. 몇몇 직종의 경우라면 조금 더 효과적으로 대중에게 다가갈 수도 있지만 이들 역시 어떤 식으로든 광고를 통해 홍보는 해야 합니다. 그렇게 하지 않고 어떻게 돈을 벌겠습니까?

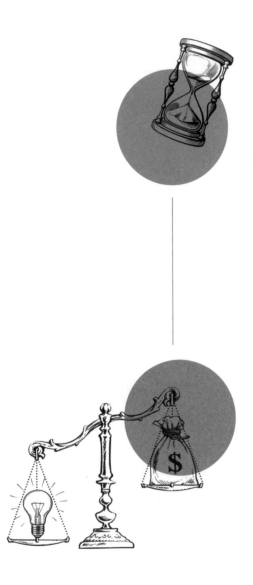

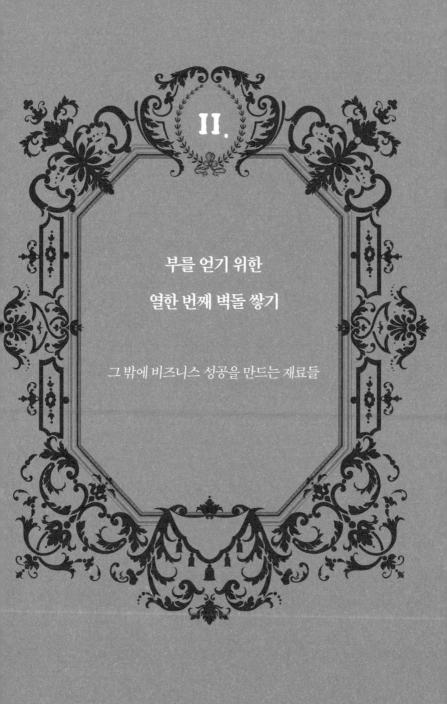

II.

부를 얻기 위한

열한 번째 벽돌 쌓기

그 밖에 비즈니스 성공을 만드는 재료들

베풀면서 사는 것은 인간의 의무이자 기쁨이란 사실은 두말할 필요가 없습니다. 그러나 사업적 측면으로도 베푸는 것은 그만큼 나에게 이득으로 돌아옵니다. 제공하는 혜택이 비슷하면 인심 좋은 장사꾼에게 고객이 몰리고 깐깐하고 매정해 보이는 장사꾼에게는 사람들이 모이지 않으니까요.

거기에 더 궁극적 차원의 베풂은 스스로 돕는 사람을 돕는 일입니다. 그러나 도와 줄 가치가 있는 사람인지 따져보지 않고 무분별하게 베푸는 자선은 모든 면에서 독입니다. 스스로를 더 나아지게 하려고 애쓰는 사람들을 찾아 조용히 돕는 것은 '흩어지되 더 많아지게 하는' 일입니다. 배고픈 사람들에게 감자 대신 기도를, 빵 대신 축복을 건네는 일부 사람들의 행동에 동조하지 마세요. 배고픈 사람보다 배부른 사람이 인류에 대한 사랑을 몸소 실천하기 쉽습니다.

비즈니스에서 중요하게 다룰 추가적인 요소에 정중함과 예의를 빼놓을 수 없습니다. 이런 성품은 최고의 자본이 돼 주기 때문이죠.

대형 매장이나 금박 간판, 현란한 광고가 있어도 고객을 함부로 대하면 무용지물이 되고 맙니다.

성서에도 있지요. "무엇이든 남에게 받고자 하는 대로 해주라"고요. 다시 보지 않을 사람처럼 가볍게 대하고 흥정을 벌이면 그 고객은 당신을 찾지 않을 겁니다. 돈을 내고도 대우를 받지 못하는 곳에 누구든 다시 가지 않을 테지요.

말을 내뱉는 것에도 비즈니스 성공 여부에 연관돼 있습니다. 어떤 사람들은 자신의 사업 비밀을 아무렇지 않게 흘립니다. 그들은 돈을 벌면 이웃에게 어떻게 돈을 벌었는지 말하기를 좋아합니다. 그러나 그렇게 해서 얻는 것은 아무것도 없습니다. 오히려 잃는 것이 많습니다. 자신의 이익과 앞으로 실행 예정인 목표, 그로부터 얻게 될 수익이나 방법에 대해 아무 말도 하지 마십시오.

만약 당신이 돈을 잃고 있다면 특별히 조심하고 자신의 비즈니스 비밀을 쉽게 얘기하고 다니는지 살펴봐야 할 것입니다.

이렇듯 비즈니스를 성공시키는 데는 말을 조심하는 일이 포함됩니다.

마지막으로 당신의 비즈니스를 완성시켜 주는 성품에 관한 요소는 정직입니다. 다이아몬드보다 값비싼 것이 정직이거든요. "돈을 벌어라, 할 수 있으면 정직하게 벌어라"라는 충고는 어리석은 충고 그 자체입니다. '돈은 꼭 벌어야 한다. 그러나 정직하게 돈을 벌기 어렵다면 부정직하게라도 벌어야 한다'라는 뜻으로 해석될 여지가 다분하니까요.

이건 부정직한 방법으로 돈을 버는 일이 얼마나 어려운지를 알지 못하는 매우 어리석고 바보 같은 말입니다. 이런 조언을 따른 사람이 감옥에 가득 차 있다는 것을 모르는 말입니다. 어떤 사람도 들통

나지 않고 계속 저지를 수 있는 부정직한 행동은 없습니다. 성공 법칙에 입각한 원칙을 따르지 않고는 성공의 거의 모든 길이 영원히 닫힌다는 것을 이해하지 못하는 말입니다.

사람은 정직성에 문제가 있는 사람을 철저히 외면합니다. 아무리 예의바르고 유쾌하고 친절한 사람이라도 '눈금을 속여 물건을 팔았다'고 의심되면 누구도 그 사람과 다시 거래하고 싶어 하지 않습니다. 의심이 가면 자신이 손해를 보고 있다는 것이니 그와 지속적으로 거래하려고 할까요?

엄격한 정직성은 인생의 성공, 재정적 측면뿐만 아니라 다른 모든 측면에서 성공의 토대가 됩니다. 타협하지 않는 정직한 품성은 그 값을 따질 수 없습니다.

이것은 자신에게 돈이나 집과 땅으로 살 수 없는 평화와 기쁨을 보장해 줍니다. 정직하다고 알려진 사람은 현재 비록 가난할지라도 어디서든 돈을 쉽게 구할 수 있으며 그로부터 기회를 살 수 있기에 미래 언제쯤 반드시 지금의 가난에서 벗어납니다. 따라서 정직해야 한다는 도덕적인 측면을 굳이 따지지 않고 '돈 벌기, 성공하기'라는 이기적인 측면에서만 봐도 "정직은 최선의 방책이다"라고 말한 벤저민 프랭클린의 말은 꼭 들어맞는 말입니다.

부자를 무조건 성공한 사람으로 볼 수 있을까요? 그건 아닙니다. 세상에는 '불행한 부자'가 너무 많기 때문입니다. 반면에 정직하고 성실하게 사는 사람들은 부자가 겨우 일주일 만에 쓸 돈조차 만져 본 적도 없는 경우가 많습니다. 하지만 그들은 도덕규범을 어기고 부자로 사는 사람들보다 훨씬 더 풍요롭고 행복하게 삽니다.

돈에 대한 과한 집착은 단연코 '모든 죄악의 뿌리'지만 돈 자체는 적절하게 사용할 때 유익하고 편리한 물건일 뿐만 아니라 그 소유 자가 인간이 누릴 수 있는 인간다운 행복과 영향력의 범위를 넓힐 수 있게 해줍니다. 여기서 축복과 만족감을 얻게 해 줍니다.

돈을 향한 욕망은 인류 역사 내내 인간과 함께 존재해 왔습니다. 상업이 활성화된 곳에서는 예술과 과학도 어김없이 눈부시게 발전 했습니다. 그 안에서 부자들은 언제나 인류의 발전에 든든한 후원 자 역할을 해왔습니다. 그들은 학회와 예술, 단체와 학교, 교회와 커 다란 사회적 재난에 돈을 기부해 왔습니다. 바로 거기서 그 돈의 가 치는 긍정적 차원을 드러냈고 위력을 행사해 왔습니다.

물론 아무리 큰돈을 벌어도 그저 차곡차곡 쌓아놓기만 하고 손에 쥔 것은 절대 공익에 내놓으려고 하지 않는 인색한 부자들도 있지 요. 하지만 나는 그런 이야기를 꺼내서 부자가 되려는 욕망을 비난하고 소유에 반대하는 논쟁을 하려는 게 아닙니다.

교회에도 위선자가 있고 정치계에도 선동가가 있듯, 돈을 모으는 사람 사이에도 때때로 움켜쥐고 모으는 데 집중하는 구두쇠가 있을 수 있습니다.

그렇지만 구두쇠의 돈도 골고루 쓰일 날이 옵니다. 쌓인 먼지가 시간이 지나면 흩어지듯, 부 또한 자연의 순리에 따라 전 인류의 발전을 위해 골고루 쓰이게 됩니다. 그러니 구두쇠로 보이는 어떤 사람을 굳이 욕할 필요가 없답니다.

이 땅의 모든 이에게 말합니다. 반드시 돈은 정직하게 버십시오. 마지막으로 셰익스피어의 말로 마무리하고자 합니다.

"돈과 재력과 만족을 추구하는 자에게는 좋은 친구가 셋도 되지 않는다."

세기의 책들 20선
천년의 지혜 시리즈 NO.3

부의 기본기技 Art of Money Getting Or, Golden Rules for Making Money

최초 출간일 1880년

| 초판 1쇄 인쇄 | 2023년 12월 6일 |
| 초판 2쇄 발행 | 2023년 12월 27일 |

지은이	피니어스 테일러 바넘
편저	서진
번역 감수	안진환

펴낸 곳	스노우폭스북스
기획·편집	여왕벌(서진)
교정	구해진

| 도서 선정 참여 | 현성(최현성) |
| 자료 조사 | 벨라(김은비) |

마케팅 총괄	에이스(김정현)
SNS	라이즈(이민우)
커뮤니티	벨라(김은비)
미디어	형연(김형연)
유튜브	후야(김서후)
언론	테드(이한음)
키워드	슈퍼맨(이현우)
영업	영신(이동진)
제작	남양(박범준)
종이	월드(박영국)

| 경영지원 | 릴리(이세라) |

| 도서 디자인 총괄 | 헤라(강희연) |
| 마케팅 디자인 | 샤인(완선) |

주소	경기도 파주시 회동길 527, 스노우폭스북스빌딩 3층
대표번호	031-927-9965
팩스	070-7589-0721
전자우편	edit@sfbooks.co.kr
출판신고	2015년 8월 7일 제406-2015-000159

ISBN 979-11-91769-57-9 03320
값 16,800원